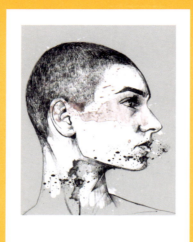

MÚSICA CULTURA POP LIFESTYLE COOKBOOKS
CRIATIVIDADE & IMPACTO SOCIAL

MULHERES DO ROCK

LAURA GRAMUGLIA
Ilustrações de **SARA PAGLIA**

MULHERES DO ROCK

Elas levantaram a voz e conquistaram o mundo

Tradução **Tatiana Yoshizumi**

© Laura Gramuglia, 2019
Illustrations © Sara Paglia, 2019
By arrangement with Otago Literary Agency and Villas-Boas
& Moss Agência Literária

Título original: *Rocket Girls: storie di ragazze che hanno alzato la voce*

Questo libro è stato tradotto grazie ad un contributo alla traduzione assegnato dal Ministero degli Affari Esteri e della Cooperazione Internazionale Italiano.

Obra traduzida com a contribuição do Ministério das Relações Exteriores e da Cooperação Internacional da Itália.

Nenhuma parte desta publicação pode ser reproduzida, armazenada ou transmitida para fins comerciais sem a permissão do editor. Você não precisa pedir nenhuma autorização, no entanto, para compartilhar pequenos trechos ou reproduções das páginas nas suas redes sociais, para divulgar a capa, nem para contar para seus amigos como este livro é incrível (e como somos modestos).

Este livro é o resultado de um trabalho feito com muito amor, diversão e gente finice pelas seguintes pessoas:
Gustavo Guertler (*publisher*), Tatiana Yoshizumi (tradução), Gabriela Heberle (capa e projeto gráfico), Juliana Rech (diagramação), Laura Vecchioli (preparação), Jaqueline Kanashiro (revisão) e Mariane Genaro (edição)

Obrigado, amigas e amigos.

2021
Todos os direitos desta edição reservados à
Editora Belas Letras Ltda.
Rua Coronel Camisão, 167
CEP 95020-420 – Caxias do Sul – RS
www.belasletras.com.br

Dados Internacionais de Catalogação na Fonte (CIP)
Biblioteca Pública Municipal Dr. Demetrio Niederauer
Caxias do Sul, RS

G747m	Gramuglia, Laura
	Mulheres do rock : elas levantaram a voz e conquistaram o mundo / Laura Gramuglia ; ilustradora: Sara Paglia ; tradutora: Tatiana Yoshizumi. - Caxias do Sul, RS : Belas Letras, 2021.
	240 p. : il.
	ISBN: 978-65-5537-058-4 e 978-65-5537-060-7
	1. Rock (Música). 2. Mulheres. 3. Empoderamento feminino. I. Paglia, Sara. II. Yoshizumi, Tatiana. III. Título.
21/10	CDU 784.4-055.2

Catalogação elaborada por
Vanessa Pinent, CRB-10/1297

Às mulheres roqueiras,
Boa viagem e lembrem-se:
livros e discos são como mapas.
Enquanto os tiverem com vocês,
nunca se perderão.

SUMÁRIO

17 Introdução

19 Edição Brasileira

24 Patti Smith
"Gloria (In Excelsis Deo)", *Horses*, 1975

28 Janis Joplin
"Mercedes Benz", *Pearl*, 1971

32 Grace Slick (Jefferson Airplane)
"White Rabbit", *Surrealistic Pillow*, 1967

36 Stevie Nicks (Fleetwood Mac)
"Gypsy", *Mirage*, 1982

40 Joan Jett
"Bad Reputation", *Bad Reputation*, 1981

44 Debbie Harry (Blondie)
"One Way or Another", *Parallel Lines*, 1978

48 Courtney Love (Hole)
"Doll Parts", *Live through This*, 1994

52 Tina Turner
"What's Love Got to Do with It", *Private Dancer*, 1984

56 Tori Amos
"Leather", *Little Earthquakes*, 1992

60 Rickie Lee Jones
"We Belong Together", *Pirates*, 1981

64 Joni Mitchell
"All I Want", *Blue*, 1971

68 Joan Baez
"We Shall Overcome", *Joan Baez in Concert*, Part 2, 1963

72 Chrissie Hynde (The Pretenders)
"Brass in Pocket", *Pretenders*, 1980

76 Rita Lee
"Agora Só Falta Você", *Fruto Proibido*, 1975

80 Yoko Ono
"Imagine", *Imagine*, 1971

84 Marianne Faithfull
"Witches' Song", *Broken English*, 1979

88 Cher
"Elusive Butterfly", *The Sonny Side of Chér*, 1966

92 Nico
"My Heart Is Empty", *Camera Obscura*, 1985

96 Björk
"Tabula Rasa", *Utopia*, 2017

100 Siouxsie
"Into a Swan", *Mantaray*, 2007

104 Sinéad O'Connor
"Mandinka", *The Lion and the Cobra*, 1987

108 The Slits
"Typical Girls", *Cut*, 1979

112 Madonna
"Express Yourself", *Like a Prayer*, 1989

116 Cyndi Lauper
"Girls Just Want to Have Fun", *She's So Unusual*, 1983

120 Neneh Cherry
"Woman", *Man*, 1996

124 Aretha Franklin
"Respect", *I Never Loved a Man the Way I Love You*, 1967

128 PJ Harvey
"50Ft Queenie", *Rid of Me*, 1993

132 Grace Jones
"Nipple to the Bottle", *Living My Life*, 1982

136 Cass Elliot
"Make Your Own Kind of Music", *Make Your Own Kind of Music*, 1969

140 Carly Simon
"You're So Vain", *No Secrets*, 1972

144 Lauryn Hill
"Doo Wop (That Thing)", *The Miseducation of Lauryn Hill*, 1998

148 Amy Winehouse
"Stronger than Me", *Frank*, 2003

152 Nina Simone
"Four Women", *Wild Is the Wind*, 1959

156 Diana Ross
"I'm Coming Out", *Diana*, 1980

160 St. Vincent
"Birth in Reverse", *St. Vincent*, 2014

164 Whitney Houston
"I Wanna Dance with Somebody", *Whitney*, 1987

168 Fiona Apple
"Criminal", *Tidal*, 1996

172 Tracey Thorn
"Air", *Record*, 2018

176 Cat Power
"Woman" (feat. Lana Del Rey), *Wanderer*, 2018

180 Betty Davis
"Nasty Gal", *Nasty Gal*, 1975

184 Laurie Anderson
"Beautiful Red Dress", *Strange Angels*, 1989

188 Kathleen Hanna (Bikini Kill)
"Rebel Girl", *Pussy Whipped*, 1993

192 Kim Gordon (Sonic Youth)
"Flower", 1985

196 M.I.A.
"M.I.A.", *Arular*, 2005

200 Beth Ditto (Gossip)
"Heavy Cross", *Music for Men*, 2009

204 Pitty
"Desconstruindo Amélia", *Chiaroscuro*, 2009

208 Tracy Chapman
"Woman's Work", *Matters of the Heart*, 1992

212 Wanda Jackson
"Hot Dog! That Made Him Mad", *Rockin' with Wanda*, 1960

216 Pussy Riot
"Mother of God, Putin Put!", *Kill the Sexist!*, 2012

220 Joan as Police Woman
"The Silence", *Damned Devotion*, 2018

224 Janet Jackson
"Control", *Control*, 1986

228 Missy Elliott
"Get Ur Freak On", *Miss E... So Addictive*, 2001

233 Agradecimentos

235 As autoras

237 Bibliografia

> **Recortei todas as imagens de Keith Richards que consegui encontrar. Estudei-as por um tempo e peguei a tesoura. Saí da era do folk abrindo caminho à machadada.**
>
> Patti Smith, 1970

> **“**
>
> **Eu nunca teria conseguido escrever 'Imagine' sem Yoko. Ela me ajudou com muitos versos, mas eu não era homem o bastante para lhe dar os créditos. Os autores daquela canção eram John e Yoko, mas eu ainda era muito egoísta e não tinha consciência, e acabei me apropriando de sua contribuição.**
>
> John Lennon, 1980
>
> **”**

> **"**
>
> **Todas as mulheres na frente. Não estou brincando. Todas as mulheres na frente. E vocês, homens, comportem-se bem uma vez na vida. Vão para trás. Para trás.**
>
> Kathleen Hanna, 1990
>
> **"**

"

Quando você exclui as mulheres, perde coisas. Ou também quando as considera somente pelo viés da beleza, ou quando presume que é o centro de toda a história delas, de cada verso delas.

Tracey Thorn, 2018

"

INTRODUÇÃO

POR LAURA GRAMUGLIA

As mulheres na história do rock não são poucas. São poucas as que são lembradas. Há um punhado de nomes, geralmente artistas que escalaram montanhas e fizeram verdadeiras revoluções. Porém, exércitos de musicistas combateram ao lado delas e é importante contar suas histórias. São vidas extraordinárias feitas de desafios cotidianos e grandes canções, de escolhas geralmente difíceis e discos que, uma vez descobertos, não podem ser ignorados.

Lá fora há uma estrada alternativa àquela mais conhecida, uma estrada pavimentada com pedras colocadas com muita pressa. Sabemos que há uma predominância masculina no rock, e, mesmo expandindo o discurso musical para o pop e os gêneros afins, não podemos pensar nem de longe em uma representação feminina paritária. No entanto, podemos tentar ampliar a visão – sim, devemos fazer isso.

Passaram-se quase cinquenta anos desde que Patti Smith se lamentava pela falta de modelos femininos nos quais se inspirar. Desde então, acompanhamos o olhar desencantado de Debbie Harry, a rebelião de Siouxsie Sioux, as provocações da Madonna, o feminismo de Kathleen Hanna até chegar aos ultrajes de Pussy Riot. Vista desse modo, a história da música parece prosseguir a todo o vapor na direção certa. Mesmo assim, ainda hoje, é bom recordar que são os homens que assinam boa parte da narrativa.

Nas páginas da publicação semanal inglesa *New Statesman*, Tracey Thorn, solista e metade do duo Everything but the Girl, confessou ser resiliente porque não existe outro modo de sobreviver por muito tempo no setor. E faz trinta e cinco anos que os homens escrevem sobre ela, anos de desconfiança e desentendimentos: "No meu último álbum, tem uma música intitulada 'Guitar'. Na letra, há um garoto, mas é secundário, é uma declaração de amor à minha primeira guitarra Les Paul. Esse aspecto não importou para alguns críticos (homens), que a interpretaram como uma canção que fala de um homem".

Em 2018, um estudo publicado pela Fender destacou que cinquenta por cento de quem adquire uma primeira guitarra são mulheres. Então, a famosa empresa americana pensou imediatamente em instrumentos e na campanha de marketing voltada à clientela feminina, descobrindo, assim, que já faz um tempo que as mulheres estão interessadas em adquirir uma guitarra, só que preferiam comprar on-line, pela dificuldade de lidar com os vendedores.

Aquilo que os homens não dizem, não escrevem ou não se esforçam em interpretar é uma fatia consistente da história da música que é um pecado ignorar, sobretudo porque hoje as jovens têm diversos modelos de referência em que se inspirar, vidas que têm de extraordinária a abnegação do estudo, a capacidade de perseguir um objetivo, sonhos feitos para caber numa mala de mão, práticos, cômodos, para levar sempre consigo.

Sem a pretensão de ter esgotado o assunto, as histórias contidas neste livro podem ser lidas também fora de ordem. Eu e Sara Paglia, que fez as ilustrações das artistas sobre as quais você lerá, não vemos a hora de compartilhar com você uma paixão que nos uniu: a necessidade contagiante de transmitir histórias que dão gotas de provocação e coragem: *Mulheres do Rock* é, em primeiro lugar, um pedido de atenção, uma leitura que encoraja a olhar além das etiquetas e a considerar a música feminina não como um gênero em si, mas um mundo tão rico e multifacetado quanto o masculino.

São muitas as mulheres que combateram o patriarcado do rock e construíram um percurso lá onde não existia nenhuma estrada traçada. Nestas páginas, você encontrará cinquenta e duas, um ótimo começo, mas a revolução não termina aqui; pelo contrário, só começou e corre por meio das canções-símbolos dessa agitação.

Leve o tempo que for necessário para sintonizar-se na frequência certa, depois, se for o caso, aumente o volume. Você logo perceberá que é naquele trecho que se respira a intenção e se colhe a própria chave da narrativa. Cada parte é um planeta a ser explorado no mapa intergaláctico de cada *mulher do rock*.

EDIÇÃO BRASILEIRA

POR LAURA GRAMUGLIA

Assim que fiquei sabendo que *Mulheres do Rock* logo chegaria às estantes brasileiras, meu coração explodiu de alegria e minha mente foi imediatamente tomada por uma gama de imagens e recordações. Quando me acalmei, pensei que se havia uma imagem da qual partir para começar esta viagem era aquela que retratava meu avô paterno, ainda criança, na estrada de São Manuel. Mas essa foto realmente existia? Ou era só uma peça pregada pela minha memória? Fui logo até meu pai, porém não havia sinais daquela foto com as marcas do tempo na caixa de recordações dele.

Meu avô Tommaso Gramuglia já se foi há uns vinte anos. Filho de pais imigrados no Sul do Brasil no começo do século passado, nasceu em 1929, em uma pequena cidade no estado de São Paulo. Uma típica história de imigração italiana, a da minha família, a busca pela sorte no Novo Mundo ou somente a possibilidade de uma vida menos carente de perspectivas. A sorte bateu à porta dos Gramuglia nos anos 1930, ficou um tempo e depois foi embora, deixando no seu lugar uma melancolia pela terra natal. O pequeno Tommaso e seus irmãozinhos voltaram para uma casa em que nunca tinham estado, e seus pais recomeçaram do zero na Itália, com uma visão mais ampla dessa vez. Uma visão que os levaria a se mudar de novo, semeando o próprio sobrenome entre a Alemanha e os Estados Unidos.

Mas essa é outra história. Nesta, estou eu tentando encontrar o melhor atracadouro para chegar ao máximo de leitores possível. Estou eu navegando com convicção em direção à meta e depois percebi quantos portos intermediários há para visitar. A viagem das *Mulheres do Rock* acabou de começar.

Inicialmente, a lista das musicistas incluía artistas italianas. Uma dezena, mais ou menos, depois encontrou grande respiro no programa radiofônico trazido no livro. Não faltavam protagonistas francesas, alemãs, e eu não via a hora de mergulhar na história da música sul-americana. Naquele ponto, o exemplar já havia atingido, ao menos nas intenções, um número de páginas bem maior daquele esperado pelo editor. Foi assim que as histórias deixadas de lado começaram a aparecer naquelas de outras colegas e o livro tomou um caminho inesperado. A narrativa virou uma só, uma única onda gigante agitada por artistas revolucionárias.

Não vou esconder: se houvesse a possibilidade, eu colocaria outras artistas lado a lado no primeiro volume de *Mulheres do Rock*. Portanto, valorizo a oportunidade de adicionar aos nomes já editados duas histórias exclusivas para o Brasil. Para frear a roda que havia começado a girar na minha cabeça, pedi socorro para a editora Belas Letras. Eu não queria errar, não queria decepcionar quem confiou em mim. A escolha recaiu em duas artistas incríveis, duas mulheres corajosas, cujos ecos atravessaram as fronteiras nacionais faz tempo. Rita Lee e Pitty se inserem totalmente no percurso que procura guiar as mais jovens a encontrar o próprio caminho na indústria musical. Uma indústria que não dá desconto, especialmente para as mulheres, e que, no entanto, cada vez mais garotas têm vontade não só de desafiar, mas também de renovar de acordo com as próprias exigências.

Passaram-se anos da revolução na música de artistas como Nara Leão, Elis Regina, Maria Bethânia, Elza Soares, e algumas ainda não pararam de nos contar histórias de consciência, denúncia, legitimidade.

Conhecida como a musa da bossa nova, Nara já na juventude tomou conhecimento da dura realidade do país fora do seu cotidiano burguês. Como conta a jornalista italiana Nur Al Habash, "desigualdade, fome, violência e racismo estavam no centro da produção artística dela, que procurou se distanciar sempre mais do padrão temático solidão-coração-amor da música popular brasileira para chegar a encarar temas de protesto social". Em 1964, seis meses depois da instauração da ditadura, Nara lançou *Opinião de Nara*, um disco fortemente político, que já nos primeiros versos continha o alicerce de um novo empenho que dentro de alguns anos influenciaria quase por inteiro o espectro da música do país: *Podem me prender, podem me bater / Podem até deixar-me sem comer / Que eu não mudo de opinião.*

Entre as linhas da conturbada história de Elis Regina, algumas vezes parece que se entreveem elementos da vida de Nina Simone. Um talento que emanou na idade mais tenra, uma mulher que fugia das sombras do passado, potente e autodestrutiva ao mesmo tempo. Uma vida extraordinária, que vale a pena redescobrir para permitir que sua música reconquiste terreno, música após música. Uma artista que, justamente como Nina, teve de lutar duplamente para fugir da marcação da política de repressão, mas também de relacionamentos tóxicos, com homens que tremiam com a ideia de serem silenciados pela criatividade da companheira.

Querendo interpretar no mesmo tom a carreira de Maria Bethânia, parece natural ler nessa musicista a vontade de fazer algo para si mesma e mais ninguém, evidenciando quanto a liberdade é desde sempre uma conquista difícil. "Deus não me deu nem filhos, só me deu o meu trabalho, e é a ele que dedico cada minuto da minha vida. Se choro, guardo minha lágrima para quando for cantar; se namoro, o prazer do namoro será para utilizar quando for trabalhar. É tudo assim. Tudo é o meu trabalho." Vinte e seis milhões de discos, cinquenta álbuns no mesmo número de anos de carreira não se atingem com muitas distrações.

"Acho que Deus é mulher, porque, se fosse homem, já tinha acabado com tudo." As palavras sinceras e densas de Elza Soares estão presentes também na edição italiana de *Mulheres do Rock*. Ela que, em 2018, deu à imprensa o disco mais político do ano e o intitulou *Deus é Mulher*. Depois de uma vida um tanto turbulenta, a matriarca da música brasileira ainda tem vontade de juntar canções que representam um hino de esperança e liberdade. Liberdade seguida desde muito cedo, quando foi obrigada a se casar com apenas doze anos e, aos treze, ter seu primeiro filho. "Os pais não têm muita paciência, os homens se desapegam facilmente. As mulheres, por outro lado, nunca se cansam de ninar, de cuidar, de dar carinho – as mulheres nunca se cansam de gerar a vida. É por isso que eu acho que, para cuidar de um mundo com tantos desastres, Deus deve ser mulher."

Com certeza, a música é um dos aspectos mais importantes da cultura brasileira, uma música que muda conforme a latitude, mas com características em comum. Aquela que além das fronteiras é habitualmente declarada *world music* é, na verdade, um gênero em contínua expansão. Ainda hoje, a música popular brasileira consegue absorver sons que têm origem em outros países e os integram na própria cultura. O fenômeno das funkeiras é só o último na ordem cronológica.

Descaradas, exageradas, deselegantes. Mas também pioneiras, libertadoras, feministas. As funkeiras arruinaram o paradigma da sociedade patriarcal, que quer um corpo feminino escultural e perfeito, e se opuseram ao estereótipo da beleza burguesa. É sob essa perspectiva que o funk no Brasil adquiriu a mesma força que o punk tinha quando surgiu na Inglaterra, no fim dos anos 1970. Foram novamente as mulheres que tiveram de correr atrás dos modelos masculinos, apropriar-se e depois modelá-los de novo. Porém, dessa vez, há muito mais em jogo, mais do que o niilismo, mais do que a falta de futuro que fazia desejar ficar imóveis em desprezo pela sociedade. Com o funk carioca, as garotas falam muito bem de um dos impulsos mais fortes do Brasil de hoje: a tomada de consciência do papel da mulher nas camadas mais baixas da sociedade. Como escreve o jornalista e escritor Alberto Riva, que morou durante anos no Rio de Janeiro, "primeiro, o funk escrito e produzido pelas garotas era só visto nas festas da periferia de sábado à noite, nos bairros afastados do centro; agora, invadiu o YouTube e os locais de Copacabana". Tornou-se um exemplo de como elementos culturais diversos podem se combinar e dar vida a uma criação coletiva, compartilhada, popular, que consegue se impor no centro do debate de uma sociedade fragmentada e atualmente humilhada pelo autoritarismo do seu presidente.

Tati Quebra-Barraco foi a primeira funkeira que transformou completamente o gênero musical, dando-lhe uma conotação diferente, mais feminista. Graças a ela, uma nova geração de cantoras, as "mulheres do funk", como MC Carol, Jojo Todynho, MC Mayara, Ludmilla, MC Rebecca, Karol Conká, impuseram um novo cânone de beleza que não corresponde àquele exibido pelas modelos das revistas de beleza, mas que exprime uma vontade de rebelião nunca antes vista no Brasil. Alguns a rotularam como "novo feminismo", outros minimizaram o fenômeno denominando "pornofunk".

Em 2016, MC Carol escreveu "100% Feminista", música-símbolo do movimento, e, com participação de Karol Conká, gravou: *Sou mulher, sou negra, meu cabelo é duro / Forte, autoritária e às vezes frágil, eu assumo / Minha fragilidade não diminui minha força / Eu que mando nessa porra, eu não vou lavar a louça / Sou mulher independente não aceito opressão.* E também foi MC Carol, depois do assassinato da vereadora Marielle Franco e do motorista Anderson Gomes, no Rio de Janeiro, no dia 14 de março de 2018, que escreveu: *Eu não aguento mais viver oprimida / Nesse país sem democracia / Eu tô me sentindo acorrentada, desmotivada / Eu também, naquele carro, fui executada.*

Como recorda Riva, "as mulheres nessa narrativa recitaram a parte mais difícil. Mais ainda as mulheres negras, aquele povo muito vasto de trabalhadoras que deixam as grandes favelas cariocas todas as manhãs, como saía Marielle Franco, e se espalham pela cidade para trabalhar". Portanto, não é por acaso que o feminismo reivindicado por essas artistas tenha hoje uma força antes impensável. Estamos em plena época da mais ritmada resistência feminina, cuja onda é o contínuo movimento; das Pussy Riot às funkeiras, parece realmente que o palco é a zona de resistência perfeita onde fazem explodir a insatisfação por meio de performances provocadoras e tentam se libertar de uma vez por todas daqueles mecanismos que o patriarcado alimentou.

Então, aqui está *Mulheres do Rock* em sua edição brasileira. Página após página, vocês encontrarão batalhas públicas e privadas, curiosidades, dicas e inspirações da vida de cada mulher, de ontem e de hoje. E que a viagem de vocês possa ser tão emocionante quanto a minha.

PATTI SMITH

"Gloria (In Excelsis Deo)"

Jesus died for somebody's sins but not mine
Melting in a pot of thieves
Wild card up my sleeve
Thick, heart of stone
My sins my own
They belong to me, me

em *Horses*, 1975

"Quando comecei a escrever sobre rock para a imprensa na metade dos anos 1970, as musicistas eram tão raras que, naquele que poderia ter sido o primeiro artigo do gênero Mulheres no Rock, descrevi uma guitarrista de cabelos longos como se fosse um unicórnio." Vivien Goldman, jornalista inglesa, escritora e mais tarde também autodenominada musicista, em seu começo na imprensa não tinha muitos modelos femininos para usar como referência.

É a mesma lacuna de que se lamenta Patti Smith no começo de seu período nova-iorquino: as garotas, no mundo do rock e mais tarde do punk, são tão raras que os homens parecem os únicos protagonistas da cena. Na verdade, as coisas não eram exatamente assim do outro lado do oceano, mas, na época, era difícil ter algum contato entre experiências parecidas em margens tão distantes.

Nos aposentos e nos apartamentos sempre muito vazios que dividia com seu companheiro Robert Mapplethorpe, Patti Smith escrevia, pintava, recitava, separava cada centavo para sua arte. Talvez as ideias ainda não estivessem claras, mas as intenções, sim – e como. No livro *Patti Smith Complete: Lyrics, Reflections & Notes for the Future*, escreveu: "'Gloria' nasceu nesse período, juntando a minha poesia 'Oath' com o clássico de Van Morrison. 'Gloria' me deu a oportunidade de conhecer e descobrir nossa herança musical e espiritual. Representa para mim, com sua presunção adolescente, o que considero sagrado para um artista: o direito de criar, sem precisar se justificar, de uma posição além do pertencimento a um sexo ou uma categoria social, mas não além da responsabilidade de criar algo válido". "Gloria" foi o primeiro single tirado do álbum de estreia do Patti Smith Group, *Horses*, uma música que o compositor Paul Williams definiu como uma "declaração de existência".

Horses foi gravado em cinco semanas nos Electric Lady Studios, o estúdio de gravação fundado por Jimi Hendrix em 1970, que ainda está ativo em Greenwich Village, em Nova York, e que poucas semanas antes tinha acolhido Rolling Stones, Lou Reed, David Bowie, Led Zeppelin. Em *Só Garotos*, Patti conta: "Quando entrei na cabine de gravação, eu tinha estas coisas em mente: a gratidão que devia ao rock'n'roll por ter me feito superar uma adolescência difícil; a alegria que experimentava ao dançar; a força moral que descobria em assumir a responsabilidade das minhas ações".

> **Eu não estava interessada em aprender os acordes, mas em exprimir ideias.**
> Patti Smith

Nascia uma voz nova, nascia com ela que, com suas poesias emprestadas à música, representaria um farol para os colegas nos anos que estavam por vir. Para dizer com as palavras de Jill Mapes, editor sênior de *Pitchfork*, "a versão nascente do punk de Patti Smith influenciava seu comportamento mais do que qualquer outra coisa, e fez a ligação natural entre o Velvet Underground, que cita em 'Land' (outra faixa de *Horses*) e os Ramones no *continuum* do rock da cidade de Nova York".

Horses é célebre também pela capa icônica assinada por Mapplethorpe, um retrato em preto e branco de Patti que está entre os mais conhecidos da história do rock: "Não conversamos sobre o que faríamos ou o que queríamos atingir. Ele tiraria as fotos. Eu seria fotografada. Eu tinha em mente o meu aspecto. Ele tinha em mente a luz. Capturamos um pouco daquela grandiosidade *naïf* da nossa época. Da nossa geração. Uma raça distante que procurava, com todas as forças da nossa juventude, criar uma paisagem nova para entusiasmar, impressionar e fazer a própria voz ser ouvida".

"Sacerdotisa", "poetisa": Patti Smith não só antecipou o punk e a new wave em algumas estações, mas introduziu no rock uma qualidade de escrita párea à de Bob Dylan. Não, não devemos procurar o correspondente masculino para nossas protagonistas. Nesse caso, invocar o primeiro cantor e compositor Prêmio Nobel da Literatura é significativo, sobretudo para quem pensa que uma leitura toda feminina da música não seja possível: na cerimônia de entrega do Nobel, Patti Smith estava lá, cantando "A Hard Rain's A-Gonna Fall", no lugar do amigo Dylan.

Quando criança, a heroína de Patti Smith era Maria Callas. Ao crescer, ao lado do amor pelos poetas franceses malditos, ganharam lugar a poesia de Sylvia Plath, a prosa de Virginia Woolf, as cores de Frida Kahlo e o preto e branco de Francesca Woodman. Artistas que tinham em comum uma vida que era tudo, menos fácil, pouco reconhecidas, se não póstumas. Entre 1989 e 1994, Patti Smith disse adeus ao amado Robert Mapplethorpe; ao tecladista Richard Sohl; ao marido, Fred "Sonic" Smith; e ao irmão, Todd. Com exceção do fotógrafo nova-iorquino, que faleceu devido a complicações decorrentes da aids, as outras perdas foram como raios que rasgam o céu em um dia de agosto. Assim, foi ela quem se encarregou de dar voz àqueles que a acompanharam por um tempo: em seu livro de memórias, *Linha M*, cada página vibra com as recordações, mas também com viagens sozinha, explorações sem bagagem de mão, que deixam espaço para as emoções e a consciência de estar justamente onde deveria estar: "Todos os escritores são vagabundos. Quem me dera um dia ser também um de vocês".

Passaram-se mais de quarenta anos do lançamento de *Horses*, mesmo assim não é difícil imaginar Patti Smith andando com passos rápidos pela Rua 48 para comprar uma Fender Duo-Sonic de 1957 que passou pelas mãos de Jimi Hendrix: "Lenda ou não, agora era minha. Eu gostava do toque daquele braço de bordo duro, combinado com as cordas mais grossas do mundo. Eu não estava interessada em aprender acordes, estava interessada em exprimir ideias, mesmo que abstratas, dentro do reino do som".

No dia 13 de maio de 2017, Patti Smith recebeu o mestrado honorário em Letras Clássicas e Modernas da Università degli Studi di Parma: "Musicista e fotógrafa, além de poetisa, desenvolveu durante sua longa carreira uma versatilidade artística e intelectual que fez dela uma figura central no panorama cultural internacional do fim do século 20 até hoje".

JANIS JOPLIN

"Mercedes Benz"

*I'd like to do a song
Of great social and political importance
It goes like this
Oh Lord, won't you buy me a Mercedes Benz*

em *Pearl*, 1971

O primeiro verso que abre essa faixa do último álbum de Janis Joplin contém toda a ironia da cantora texana. Direta, sarcástica, sem filtro até mesmo naquele 1º de outubro de 1970, quando foi ao estúdio Sunset Sound Recorders para completar a gravação do álbum *Pearl*. Naquele dia, gravou à capela "Mercedes Benz", uma faixa inspiradora de uma canção do poeta Michael McClure. Três dias depois, o corpo sem vida de Janis foi encontrado no seu quarto de hotel. A causa oficial da morte foi acidental: overdose de heroína. O disco, o quarto da carreira da artista, chegou postumamente ao mercado em janeiro de 1971.

Em 2016, o jornalista musical e apresentador da BBC David Hepworth publicou o livro *1971 – Never a Dull Moment: Rock's Golden Year*, definido pela *Q Magazine* como "uma apaixonante carta de amor dedicada a um ano imortal da música". E 1971 foi realmente um ano único: David Bowie nos Estados Unidos e o nascimento de Ziggy Stardust; a primeira cadeia de lojas de disco em escala mundial, a Tower Records; o primeiro programa de TV dedicado à black music, *Soul Train*; o casamento de Mick Jagger e Bianca Perez em Saint-Tropez; o infortúnio de Frank Zappa; a morte de Jim Morrison. Em 1971, também saíram os trabalhos de Nina Simone, Shirley Bassey, Rita Coolidge, Roberta Flack, The Supremes, Laura Nyro, Karen Dalton, Dolly Parton, Sandy Denny e a lista ainda é longa. Mas a única musicista sobre a qual Hepworth se delonga é Carole King, com *Tapestry*, enquanto Joni Mitchell e o álbum *Blue* ocupam metade de uma página, e há umas poucas linhas sobre *Pearl*, de Janis Joplin. Um disco que, além de "Mercedes Benz", contém outras canções de manifesto como "Cry Baby", "Me and Bobby McGee", "A Woman Left Lonely".

Janis Joplin era a encarnação do soul, um verdadeiro ícone da contracultura do século passado; talento e coragem fizeram dela a mais importante cantora de blues de todos os tempos. Mesmo assim, a morte prematura, a entrada no célebre "clube dos vinte e sete" e algumas declarações ofuscaram sua herança. "No palco, faço amor com vinte e cinco mil pessoas. Depois, volto para casa e me encontro sozinha." Mesmo quem não escutou nada ou quase nada da produção dela já ouviu essa frase.

> **No palco, faço amor com vinte e cinco mil pessoas. Depois, volto para casa e me encontro sozinha.**
>
> Janis Joplin

Uma mistura de raiva e fragilidade, de sensualidade e insegurança, de exagero e autodestruição acompanha a figura de Joplin onde quer que apareça e define seu ser além dos dotes artísticos. Quem a conheceu lembra-se dela sobretudo pelo apetite sexual. Vini Lopez, um dos importantes bateristas de Bruce Springsteen, lembra-se de quando Boss foi obrigado a fugir depois de uma aproximação um pouco fogosa demais de Janis. Ronnie Wood e Rod Stewart se ajudam quando recordam aquela vez em que se esconderam atrás de uma planta do hall do hotel deles para que Janis, que esperava por eles, não os visse. Leonard Cohen, cavalheiro reconhecido, não parou de pedir desculpas até a morte ao fantasma da mulher por ter escrito uma canção sobre seus encontros rápidos no Chelsea Hotel. Baron Wolman, o primeiro fotógrafo da *Rolling Stone*, construiu uma carreira inteira baseada nos cliques do quarto de Janis. Kris Kristofferson, mais direto, não esperou a morte da cantora para se distanciar, mas toda vez que toca "Me and Bobby McGee" diz que sente um aperto no coração.

Janis Joplin se dedicava a escrever músicas originais, revisitava o blues por meio de performances incendiárias, aliviava suas frustrações, pisava um pouco demais no acelerador, mas estava dirigindo sozinha. Em seus experimentos, não colocava em perigo ninguém além de si mesma; em Woodstock, gostava de dissolver um pouco de LSD no café. Janis sabia ser muito espirituosa, mas é de sua melancolia que todos se lembram; era solitária, porém considerada uma mulher livre. Em uma entrevista, o importante diretor do Chelsea Hotel, Stanley Bard, lembrou-se dela como uma mulher sensual, exótica e maravilhosa, muito inteligente e culta. Era uma pena escutar os rumores: os hóspedes do seu andar não faziam outra coisa senão reclamar do barulho que vinha do quarto dela. Homens e mulheres a procuravam do mesmo modo que procuravam Jim Morrison, mas não davam desconto a ela. Janis era carismática, talentosa, magnética, no entanto era uma mulher.

A dois meses do lançamento de *Pearl*, a escritora americana Marion Meade escreveu um artigo para o *New York Times* intitulado "Does Rock Degrade Women?". Marion se perguntava como se podia oferecer uma direção às garotas que desejavam se tornar roqueiras, agora que Janis Joplin não estava mais aqui: "Por muito tempo nos sentamos de lado, fazendo o papel de fãs fanáticas. As mulheres sempre foram um segmento importante do público do rock. A menos que a indústria tenha a intenção de nos distanciar completamente, é melhor que se lembrem lá fora das palavras de Bob Dylan: 'Não é preciso um meteorologista para saber de que lado o vento está soprando. Os tempos estão mudando'".

No mesmo artigo, a autora ressaltou também a escassa presença feminina nos cartazes dos festivais musicais de verão. Acusou particularmente Woodstock, que teve a participação não somente de Janis, mas também de Joan Baez, da vocalista de Jefferson Airplane, Grace Slick, de algumas integrantes da Sly and the Family Stone e da cantora e compositora Melanie. Cinquenta anos depois, o discurso se repete a cada verão: os organizadores lamentam ter poucas musicistas entre as quais escolher, e as artistas, por não terem sido convidadas. A realidade é que os nomes femininos nos cartazes ainda são muito poucos. Mas, comparado a ontem, hoje plataformas como Book More Women estão aí para sinalizar o problema. A batalha ainda está muito em aberto.

GRACE SLICK

JEFFERSON AIRPLANE

"White Rabbit"

When logic and proportion
Have fallen sloppy dead
And the White Knight is talking backwards
And the Red Queen's off with her head
Remember what the Dormouse said
Feed your head
Feed your head

em *Surrealistic Pillow*, 1967

Grace Slick escreveu uma das faixas mais famosas dos Jefferson Airplane sob efeito de LSD enquanto escutava sem parar *Sketches of Spain*, de Miles Davis. Inicialmente, o título da música era "Feed Your Head", a única coisa em que ela continuava pensando era como nutrir a própria mente. "White Rabbit" é considerada a bandeira do movimento psicodélico do fim dos anos 1960 e, a mais de cinquenta anos de distância do seu lançamento, é a música que mantém sua autora viva: "O valor dos royalties é fantástico. Eu sempre soube que os Jefferson seriam famosos enquanto eu fizesse parte da banda. Eu mereço. Escrevi algumas belas canções. E nunca me senti culpada por receber qualquer um dos pagamentos em toda a minha vida".

Essa é Grace Slick, uma senhora de mais de oitenta anos que há tempos trocou os palcos por uma atividade mais tranquila, como a pintura. Mas o que a sustenta ainda é a música, como é justo que seja, visto que arriscou sua vida por ela em mais de uma ocasião. Sóbria há mais de duas décadas, a artista americana foi uma das amigas mais queridas de Janis Joplin, se divertiu com Jim Morrison, colecionou mais prisões que Lemmy Kilmister, usou mais drogas que Amy Winehouse e, o mais importante, ainda tem fôlego para dizer: "Eu sempre quis me expressar de um modo que colocasse as pessoas contra a parede".

Grace Slick, no fim dos anos 1960, era a grande oportunidade dos Jefferson Airplane, banda de San Francisco lembrada sobretudo pelos dois sucessos que ela trouxe consigo ao entrar no grupo para substituir Signe Anderson. Mas entre os Jefferson havia quem não concordasse em acolher mais uma mulher na banda: a maternidade de Signe havia causado problemas demais, e não era o caso de repetir a experiência. Naturalmente, estavam errados. Músicas como "White Rabbit" e "Somebody to Love" não só fizeram deles imortais, mas também se tornaram hinos geracionais: a contracultura havia encontrado a própria trilha sonora.

> **Pensávamos em mudar o mundo, mas a única pessoa que você pode mudar de verdade é você.**
> Grace Slick

Mais acessível que Grateful Dead, mais na moda que Buffalo Springfield e mais desinibida que Byrds, Grace Slick era a moeda de troca dos Jefferson Airplane; pessoalmente, não dava trégua, era inflamada, extrovertida, com uma voz plena, nunca escutada antes.

"Tocávamos juntos, nos misturando entre as bandas em algum local de folk depois dos shows ou nos fins de semana. Todos se conheciam e fazíamos festa juntos. Naquele tempo, só pensávamos em nos sentir bem e fazer aquilo que fazíamos: tocar e nos divertir, porque era maravilhoso ter vinte anos na década de 1960. As gravadoras vinham nos procurar para fechar contrato. Pagavam-nos para fazer aquilo que as pessoas de vinte anos amam fazer todos os dias. O rock'n'roll não é difícil."

O rock'n'roll não é difícil, mas, para alguns músicos, o preço foi altíssimo, e muitos dos amigos de Grace entraram no fúnebre "clube dos vinte e sete" quando ela já tinha trinta. Resistiu, não deixou as oportunidades escaparem de suas mãos e conseguiu superar a censura, reivindicando para o rock um valor político que se desdobrou em *Volunteers*, um álbum alinhado contra a guerra do Vietnã. Em 1970, recebeu um convite para um evento na Casa Branca, mas foi barrada na entrada: tinha cerca de seiscentos microgramas de LSD, que pretendia colocar escondido no chá de Nixon.

Se não fosse por seu temperamento e sua capacidade de parar um momento antes que as coisas saíssem dos trilhos, provavelmente Grace Slick teria um fim prematuro, como sua amiga Janis. O que as igualava, entre outras coisas, era uma sexualidade vivida livremente que desviou a atenção do talento dela em favor de seus parceiros. E ninguém jamais se esqueceu da capacidade de Jimi Hendrix, apesar do notável vigor sexual.

Na metade dos anos 1970, assim que a música se tornou mais explosiva, as vendas dos Jefferson Airplane começaram a cair: a revolução parecia sair de moda lentamente. "Pensávamos em mudar o mundo com discos e livros, mas a única pessoa que você pode mudar de verdade é você."

Grace Slick continuou a lançar álbuns solo e com os Jefferson até que, na metade dos anos 1980, estava entre as primeiras estrelas a entrar publicamente em reabilitação. Ela recuperou a sobriedade, porém não a saúde plena. "Não gosto de ver as pessoas da minha idade cantando sobre seus sentimentos de quando tinham vinte anos. Se você se sente à vontade, continue, mas eu tendo a me envergonhar facilmente." Grace pode se permitir sair de cena por um período, contudo conservando sua visão desencantada de sempre, que lhe consente ter um ponto de vista lúcido e irônico da atualidade.

Quando, mais tarde, decidiu voltar à música, seus singles a levaram a uma incomum competição acirrada com Tina Turner. Um desafio jogado exclusivamente pela idade: em 1987, aos quarenta e sete anos, Grace Slick era a artista mais velha entre os primeiros lugares do ranking americano. O recorde permaneceu por doze anos, quebrado somente por Cher.

Fiel ao conselho do pai, que lhe ensinou a administrar o dinheiro da melhor forma, Grace não se preocupa mais em ocupar o centro da cena. Enquanto o ocupava, tinha um dos olhares mais afiados do ambiente musical: "Durante os shows, não era preciso ter roupas extravagantes, coisas que explodem, dançarinos ou algo do tipo. Já era demais se nos apresentávamos no horário. Você simplesmente subia no palco, tocava sua música e depois ia para casa, ou a outro clube ainda aberto. Era realmente magnífico".

STEVIE NICKS

FLEETWOOD MAC

"Gypsy"

So I'm back to the velvet underground
Back to the floor that I love
To a room with some lace and paper flowers
Back to the gypsy that I was
To the gypsy that I was

em *Mirage*, 1982

O Velvet Underground ao qual Stevie Nicks se refere na abertura de "Gypsy" é uma loja de roupas em San Francisco, onde a autora costumava comprar as peças que caracterizaram seu famoso estilo. Em 1975, Stevie começou seu percurso musical com o Fleetwood Mac exibindo um figurino adquirido em uma loja de roupas usadas. Mesmo quando o sucesso lhe permitiu ganhar o bastante para poder ter todas as roupas que quisesse, seu look continuou fiel à moda cigana.

"Gypsy" é uma música de 1982, um retorno às origens, filha do desejo de emancipação e liberdade experimentado um ano antes da estreia como solista, em que destaca um tema especial para as mulheres, aquele dos estereótipos femininos que muitas vezes a enchem de inspiração, desde "Gold Dust Woman" até "Rhiannon", a primeira música escrita para os Mac.

Stevie Nicks tinha vinte e sete anos quando entrou na banda, uma idade com a qual muitos outros músicos já percorreram uma bela parte do próprio percurso. Janis Joplin, por exemplo, de quem Stevie emprestou diversas ideias para o guarda-roupa, havia saído de cena já no início dos anos 1970. Como lembra a jornalista e escritora americana Ann Powers, "rock e feminilidade tradicional pareciam opostos: o rock celebrava a dureza e a vida desordenada, enquanto as senhoras estavam em casa mantendo o quarto e a alma limpos". Além do mais, as mulheres eram musas, enquanto os homens eram elevados como verdadeiras divindades do rock: "Sou um deus coberto de ouro!", gritava Robert Plant, em 1975, do terraço do Hotel Continental de Los Angeles, quartel-general das tramas californianas do Led Zeppelin. Já outros homens começavam a explorar a feminilidade no glam, mas, entre lantejoulas e saltos altos, de qualquer jeito, a viagem tinha prerrogativas unicamente masculinas.

> ## Foram anos esplêndidos, pena que perdi metade deles.
> ### Stevie Nicks

É nesse ambiente que começaram a emergir artistas, também no panorama do rock, dos comportamentos boêmios, "garotas excêntricas, que cresceram na cidade, que construíram o próprio estilo nas academias de arte ou no circuito folk, mas que tinham atravessado os confins para se aventurar em um território mais agressivo". Stevie Nicks refletia exatamente esse espírito: entrou em uma banda já existente e se viu escrevendo as letras, mas nesse percurso não foi fácil nem mesmo a escolha do hotel em que passar uma noite. Fleetwood Mac era uma banda em constante mudança, os membros importantes saíam e voltavam segundo o impulso e as brigas que aconteceram nos mais de cinquenta anos de carreira. Quando Stevie Nicks entrou no grupo juntamente daquele que, na época, era seu companheiro, Lindsey Buckingham, o equilíbrio dentro e fora do grupo mudou. Stevie escreveu os hits que estavam mais altos no ranking, "Rhiannon", "Dreams", "Sara", "Gypsy", porém o renomado crítico Lester Bangs não perdia a oportunidade de atacá-la: *Lilith or Bimbo?*, bruxa ou oportunista?, perguntava em uma de suas famosas críticas maldosas do álbum solo *Bella Donna*. E fez inclusive uma pergunta sobre moda: "Que tipo de bruxa usa sapatos com salto plataforma?". Apesar do destaque que os críticos contemporâneos davam a ela, em 1998, Stevie Nicks entrou para o Hall da Fama do Rock com os Mac, e, em 2019, como solista: é a única mulher a quem foi concedido o bis.

Os problemas com a imprensa eram quase um passatempo se comparados com as crises que Stevie teve de enfrentar: "Foram anos esplêndidos, pena que perdi metade deles. Fazer parte do Fleetwood Mac era como viver em uma novela: escândalos e traições, matrimônios e divórcios, loucura e droga. Por quase um ano não tive nenhum controle sobre mim. Era a cocaína que decidia". Tendo sobrevivido às drogas e ao álcool entre as décadas de 1970 e 1980, na década de 1990 tornou-se dependente dos psicofármacos: "Roubaram os anos mais criativos da minha vida, oito anos em que poderia ter feito discos melhores, casar e ter filhos, em vez de ficar engordando no sofá na frente da TV". Toda declaração de Stevie era impregnada de ironia e consciência, um mix que certamente evitou que ela tivesse o fim de muitos de seus colegas.

Em 2018, Stevie Nicks deu as boas-vindas à nova turnê do Fleetwood Mac, mas sem o ex-companheiro e guitarrista Lindsey Buckingham: "Eu e Lindsey nunca nos casamos, mas poderíamos. Há aqueles que se divorciam depois de quarenta anos, causando uma grande dor aos familiares e amigos. Para mim é triste, e nos próximos dez anos eu quero me divertir e ser feliz. Quero me levantar todas as manhãs e dançar pela casa, sorrir, agradecer a Deus pela minha vida maravilhosa".

Com mais de setenta anos, Stevie tem uma nova alegria em aproveitar cada momento: "Muitas pessoas da minha idade ou até mais novas parecem realmente velhas. É porque não se esforçam: se quiser permanecer jovem, deve dar o seu melhor. Para subir no palco com uma minissaia de chiffon sem parecer ridícula, devo me esforçar. Ou jogue a toalha, deixe os cabelos brancos, fique desleixada. Não funciona para mim: postura reta, salto alto, retire-se e faça coisas".

Hoje, Stevie Nicks tem de novo o controle de si mesma e da sua vida e pode lembrar à nova geração quanto é importante a disciplina nessa profissão. Aconselha a todas as garotas que fazem parte de uma banda a correr ainda mais rápido porque deverão encontrar o tempo de se desafiar em um disco inteiramente para si. "Eu e Christine McVie fizemos um pacto no dia em que entrei no Mac. Prometemos que faríamos tudo o que estivesse ao nosso alcance pelas mulheres. Lutaríamos para conquistar o que queríamos e nossas canções seriam tão boas quanto a dos homens ao nosso redor. Ninguém jamais nos obrigaria a sair de uma sala cheia de estrelas do rock inteligentes e loucas porque nós também éramos loucas e talentosas."

JOAN JETT

"Bad Reputation"

*I don't give a damn 'bout my reputation
You're living in the past, it's a new generation
A girl can do what she wants to do
And that's what I'm gonna do*

em *Bad Reputation*, 1981

Era 1981 e a carreira de Joan Jett recomeçava com este single, "Bad Reputation", mesmo título do álbum, o primeiro solo depois da separação das Runaways. A canção é um cartão de visitas formidável para Joan, que canta "uma garota pode fazer o que quiser e é isso que eu quero fazer, e nada me importa a má reputação". A guitarrista estava finalmente livre para escolher sua banda – no disco, a lista dos convidados incluía membros de Sex Pistols, Ramones, Blondie –, para cantar e tocar sua música, como "Don't Abuse Me", uma faixa que assinou para as Runaways cinco anos antes. *Don't abuse me / Now you listen to what I say / If you're tryin' to use me / Why don't you just go away? / You took me around and you showed me the town / I thought you were kind of nice*: impossível não pensar em quem levou as meninas ao sucesso e depois decretou o fim tão depressa: o empresário Kim Fowley.

Já no fim dos anos 1980, a biografia de Cherie Currie, vocalista das Runaways, *Neon*

Angel: A Memoir of a Runaway, fez emergir todas as sombras que pesaram para a banda formada por cinco adolescentes, encarnadas na presença pesada, autoritária e violenta do pai-patrão, Fowley. Consciente de ter tido a ideia genial de vender ao público um produto sensual glam rock, Fowley agenciou as meninas como uma propriedade. É evidente que não lhe importava nada da mensagem feminista e da virtuosidade no palco, ele se importava só com o dinheiro e em controlar totalmente a banda. O empresário impôs suas vontades com violência verbal e física durante anos, causando danos em algumas integrantes das Runaways. Jackie Fox, primeira baixista do grupo, encontrou forças para falar sobre isso somente em 2015: "Sei por experiência própria como toda essa situação pode lhe consumir. Pegar jovens vivazes e transformá-las em alguma outra coisa".

Não é tão difícil assim tocar em um grupo. Não vejo por que outras mulheres não deveriam fazê-lo.

Joan Jett

A jornalista Amy Phillips lembrou em *Pitchfork* quanto essa atitude predatória, quase exclusivamente masculina, é desde sempre difundida e aceita na indústria da música e quantas meninas tiveram de abandonar a carreira por causa desses abusos: "Toda vez que aparece uma nota nova sobre quanto as mulheres são pouco representadas nos rankings ou nas produções musicais, ou estão ausentes na escalação dos festivais, devemos pensar nos inúmeros guardiões que, em vez de ajudá-las, usam sua posição de poder para obter favores sexuais". Para a apresentadora de rádio Linda Holmes, muitas garotas ricas de talento nunca chegaram ao público porque foram marginalizadas no nascimento pelo setor.

Até o aparecimento das Runaways, um grupo de rock inteiramente feminino era considerado estranho. Porém, com o cúmplice espírito do punk, as garotas também encontraram a coragem de pegar um instrumento e criar a própria banda, e paciência se as performances não eram perfeitas: "Não quero diminuir o que consegui, mas não é tão difícil assim tocar em um grupo. Se têm uma saúde boa e amam viajar, não vejo por que outras mulheres não deveriam fazê-lo". O que a Joan Jett de dezesseis anos ainda não conhecia, mas descobriria dali a pouco, é todo o circo em volta daquele palco.

Uma carreira dominada pela paixão pelo glam rock, pelo punk, uma fonte de inspiração para quem viria depois, exatamente como Suzi Quatro havia sido para ela. Quando, no início dos anos 1990, explodiu nos Estados Unidos o movimento riot grrrl, as bandas só de mulheres, por exemplo, L7, Babes in Toyland ou Sleater-Kinney, eram tão numerosas, que – como lembra Joan – podia até acontecer de chegar à última frase de um artigo sem ter encontrado uma única referência ao fato de que eram todas mulheres: "No tempo das Runaways, teria sido impossível".

Joan Jett também tem o mérito de ter seduzido tantas jovens com a sua Gibson. Apesar disso, hoje os estereótipos que ridicularizam as mulheres na música ainda são muitos. Fabi Reyna, fundadora e redatora da *She Shreds*, revista dedicada a guitarristas e baixistas, em uma entrevista ao *The Guardian* destacou quanto a imagem do músico homem condicionou e limitou as musicistas: "A maior parte das revistas de guitarra mal reconhece as mulheres como compositoras ou intérpretes. E há outras, como *Guitar World*, em que aparecem mulheres seminuas, mas nunca têm algum artigo que fale sobre o talento ou a música delas". Hoje, o objetivo não é tanto mostrar que as mulheres são capazes de fazer o que os homens fazem, e sim falar sobre as musicistas por meio do trabalho delas.

Em 2015, Joan Jett entrou no Hall da Fama do Rock. Para ela foi uma oportunidade de lembrar que as artistas homenageadas ainda são muito poucas, em particular no mundo do rock: "Em toda cidade, provavelmente existe uma banda de rock só de meninas, porém a sociedade ainda não está pronta para recebê-la. O conselho que posso dar às jovens que querem entrar no mundo do rock é fazer aquilo que amam e esperar que outras pessoas façam o mesmo". Os conselhos de Joan não são apenas aqueles de uma pessoa que chegou lá, mas também de uma garota que, no início da carreira, viu rejeitadas músicas que depois se revelaram hits: "Após a separação das Runaways, eu não conseguia um contrato com gravadoras. Eu mandava quatro faixas: 'I Love Rock'n'Roll', 'Crimson and Clover', 'Do You Wanna Touch Me' e 'Bad Reputation' e só recebia cartas rejeitando". De tanto ser rejeitada, nasceu a ideia punk da autoprodução. Assim, Joan fundou a Blackheart Records: "Você deve fazer somente aquilo que ama e esperar que os outros amem também".

DEBBIE HARRY

BLONDIE

"One Way or Another"

One way or another, I'm gonna find ya
I'm gonna get ya, get ya, get ya, get ya
One way or another, I'm gonna win ya
I'm gonna get ya, get ya, get ya, get ya
One way or another, I'm gonna see ya
I'm gonna meet ya, meet ya, meet ya, meet ya

em *Parallel Lines*, 1978

Debbie Harry nunca perdeu o controle, experimentou várias estradas, desacelerou, mudou de rota, até encontrar o caminho certo. Ali começou a correr sem nunca voltar atrás, mantendo o volante firme nas próprias mãos. O Blondie é o seu filho, pegou o nome dos seus cabelos louríssimos, em uma época em que tingir os fios era considerado um gesto subversivo. São dela também muitas das letras da banda, entre as quais uma das faixas de maior sucesso: "One Way or Another". Uma música que fala de um ex que não aceita a separação, uma situação desagradável que a mulher consegue superar e minimizar. De um jeito ou de outro é preciso seguir com a própria vida, é preciso sobreviver.

"Faça aquilo que quiser, mas não confie em ninguém", repete ainda hoje Chris Stein, repensando na epopeia punk. Chris é a outra metade do Blondie, foi por muito tempo o companheiro de Debbie sem nunca impedir o crescimento dela, em um período em que as mulheres nas bandas eram olhadas de modo suspeito. Para a jornalista americana Carola Dibbell, o problema se reduz sempre à habitual questão dos papéis: "Podíamos ser deusas, podíamos ser garotas assanhadas, podíamos ser fofas, mas não podíamos ser heroínas nem excêntricas ou companheiras. Podíamos ser Joy of Cooking e Joni Mitchell, Bette Midler, mas não podíamos ser Rolling Stones, ou Dylan, ou Elvis, ou Lou. E se fôssemos Jonis, morreríamos".

> **Eu era a vocalista de um grupo de homens, eu não poderia ser realmente fofinha. Eu era, mas devia também fazer o papel de durona.**
> Debbie Harry

O punk podia pensar em dar um empurrão no muro: com a sua inadequação, a sujeira, o suor, oferecia um trampolim a todos, até às meninas, que com certeza não deixaram a oportunidade escapar. Na briga, ela, Debbie Harry, que conseguiu desconstruir modelos simplesmente porque já estava acostumada a fazê-lo havia tempos. Antes de ocupar de fato o centro do palco, a cantora trabalhou como camareira no Max's Kansas City, um dos locais mais rock'n'roll de Nova York, e depois também se tornou coelhinha da *Playboy*. Linda, carismática, atraente, segura de si, excêntrica e na moda: por que se esconder? Por que não tentar ser tudo? "Era estranho ser uma garota na era do punk. Dado que eu era a vocalista de um grupo de homens, era como se parte do ponto de vista deles me atravessasse, então, eu não poderia ser realmente *fofinha*. Eu era, mas devia também fazer o papel de durona. De algum modo, me tornei... esquizofrênica, mas é uma coisa que me ajudou no palco." No fim dos anos 1970, ser atraente arriscava minar o profissionalismo de uma mulher, a quem não era concedido sair do esquema binário de papéis impostos: fofinha ou durona, casta ou roqueira. Mais de trinta e cinco anos depois, a escritora Peggy Orenstein se deparou com os mesmos problemas no livro *Cinderella Ate My Daughter*: o modelo da princesinha *pretty and pink* que deseja se casar, que é vinculado a muitas marcas, é filho dos estereótipos sexuais que aspiram construir uma feminilidade dócil, materna, devota. É possível que ainda seja necessário lutar para deixar sobre a mesa todas as opções entre as quais uma garota pode escolher? Que não exista a possibilidade de oferecer às mais jovens modelos diversos de bilateralidades rígidas patriarcais?

É de 1976 uma das imagens icônicas que definem a cena nova-iorquina do período: Debbie Harry, fotografada por Bob Gruen, deslizando para fora de um carro capotado. Um clique que não se limitou a capturar uma época, mas definiu a sensibilidade de um período no qual os artistas começavam a abraçar o caos como expressão de uma nova beleza. Nova York era suja, má, criminosa: entrar nesse ambiente para conseguir histórias e detalhes foi o fim do punk na América. Muitos intérpretes deixaram-se levar pelas mãos até serem engolidos, mas não Debbie Harry. Ela era aquela que deslizava para fora do carro sem nem mesmo um arranhão.

"Eu sempre quis ser uma loira animada velha de Hollywood e acho que levei ao rock aquele componente de estrela de cinema que faltava." O look da cantora do Blondie é a soma da franja punk e os brilhos de star system, um novo híbrido que entrelaça sempre mais atrevidamente a indústria da moda e a da música. Saltos agulha ou botas acima do joelho, lurex, cintos, jeans colados, roupas decotadas de estampa animal, Debbie brincava todos os dias com a própria imagem e até Andy Warhol reparou nela e a retratou em seus famosos disparos com a Polaroid e com a elaboração de computação gráfica.

O Blondie atravessou o punk e a new wave para depois se adaptar ao pop, mas, apesar do sucesso, a discriminação continuava a ser um tema: nos anos 1970, Debbie fez barulho quando declarou que "os únicos que têm realmente algo novo a dizer no rock eram os gays e as mulheres"; poucos anos mais tarde, se viu tendo que justificar suas escolhas pessoais: "Não sou a única mulher do mundo que não se tornou mãe. Eu e Chris não tivemos filhos porque na época trabalhávamos muito, nos divertíamos e não sentíamos a necessidade". E assim que o relógio biológico parou de fazer tique-taque, se viu lutando contra quem insinuava que seu tempo tinha passado. Mas ninguém se pergunta se Eric Clapton ainda é confiável com os cabelos grisalhos. E Eric e Debbie têm a mesma idade.

Entre músicos do sexo feminino e masculino persistem até hoje diferenças de tratamento notáveis. Portanto, é importante não abandonar a cena e continuar vivendo o feminismo: "Como pode uma mulher não ser feminista? Quando uma mulher declara que não é feminista, na verdade, só está dizendo que não se sente à altura".

COURTNEY LOVE

HOLE

"Doll Parts"

*I want to be the girl with the most cake
I love him so much it just turns to hate
I fake it so real, I am beyond fake
And someday, you will ache like I ache*

em *Live Through This*, 1994

Live Through This é considerado o disco mais bem-sucedido da carreira de Courtney Love. Um trabalho completo, surpreendente, que poucas semanas depois do lançamento ganhou o aplauso da imprensa e um lugar entre os clássicos do rock. Gostam tanto, que muitos acham que Courtney não poderia ter escrito sozinha, por trás daquela letra tão melancólica, aqueles riffs da Fender Squier, com certeza teve o dedo do marido. Mas Kurt Cobain já havia falecido uma semana antes do lançamento. Courtney esclareceu que Cobain só participou em alguns rascunhos como inspiração. Ficaram as dúvidas, e Courtney perdeu a credibilidade depois da morte do líder do Nirvana. Foi, inclusive, acusada como principal responsável pelo fim do marido.

Se *Live Through This* é o álbum mais relevante do Hole, "Doll Parts" é a música que em três minutos e meio contém tudo o que há para se dizer: um texto inspirado no começo da relação deles, quando Courtney não conseguia se sintonizar com o romantismo de Kurt. Mas quando a música foi lançada, tudo mudou, e a faixa foi interpretada como um grito de dor pelo luto recente. Também pesou na turnê e na imagem de Courtney Love, que sempre aparecia no palco com o rosto molhado de lágrimas, a morte da sua baixista Kristen Pfaff, que havia falecido dois meses depois de Kurt.

A partir desse momento, Courtney Love se tornou para todos "a garota que quer a maior fatia da torta", uma frase de "Doll Parts" que tirada de contexto adquire outro significado, símbolo de luta para alguns, de ambição para outros. Porque muitas pessoas acham inapropriado que uma viúva levante logo a cabeça concentrando-se na própria carreira. "Não me lembro de ter desejado e sonhado em fazer qualquer outra coisa. Nasci assim, sou o que sou. O que mais eu poderia ter feito? Quando conheci Kurt, já tinha montado minha banda, já tinha gravado discos, feito turnês. Eu já havia sido presa, já usava drogas, já era um desastre de mulher, já era quem sou agora."

Nasci assim, sou o que sou.
Courtney Love

Por mais de duas décadas, a senhora Cobain dançou sobre uma grelha, às vezes jogando água no fogo, mais frequentemente gasolina, para arder mais rápido. Conheceu o sucesso e o fracasso, e em ambos os casos falou: "Não preciso de popularidade. Se eu tivesse tido menos, teria causado menos confusão". Courtney Love sempre correu como um trem na frente de seu tempo: no começo dos anos 1990, foi repudiada pelo movimento riot grrrl porque acusaram-na de ser uma má feminista e uma artista muito comercial.

Em *Live Through This*, respira-se uma forte sensação de frustração, em "Doll Parts", "Miss World", "Plump", "Violet" sempre tem algo que está para se arruinar, como se Courtney estivesse esperando uma deflagração. As mulheres que brotam de sua caneta são parecidas: lindas, marcantes, sensuais. Porém, quando quebram, dão medo, com o rosto banhado de lágrimas, a maquiagem desfeita e uma raiva que não conhece censura, perdem a disciplina e ganham autenticidade.

Aos olhos de hoje, o que nos anos 1990 era considerado um feminismo excessivamente glamoroso parece até subversivo. Mas julgar uma feminista como "boa" ou "má" sempre foi uma questão arbitrária.

Em 2016, Andi Zeisler, veterana do fanzine riot, tentou dar sua resposta no livro *We Were Feminists Once. From Riot Grrrl to CoverGirl®, the Buying and Selling of a Political Movement*. Segundo a autora, o feminismo foi esvaziado de seu significado político e preenchido por slogans, pó facial e perfume para vender todo o tipo de produto: "O feminismo encarnado pelas celebridades e retratado nas campanhas publicitárias tem a ver com o empoderamento individual, a realização e a gratificação pessoais. Mas o feminismo exige a libertação de todas as mulheres, não só daquelas que podem participar dizendo 'não' ao consumismo". A escritora Jessa Crispin tem a mesma opinião e em seu livro *Why I Am Not a Feminist* reivindica um feminismo desconfortável, que tenha o poder não só de reagir à cultura dominante, mas também de transformá-la: "Se ao me declarar feminista preciso assegurar que não estou com raiva, que não represento uma ameaça, com certeza o feminismo não é para mim. Eu estou com raiva. E represento uma ameaça". Ainda segundo Andi, o aspecto mais desanimador do "feminismo pop" está ligado ao fato de que seja aproveitado só para obter cliques. A jornalista Vivien Goldman também explica na *Pitchfork*: "Não se deixem enganar: mesmo que o feminismo esteja em voga graças a Beyoncé, quem manda ainda são os homens, que têm um conceito redutivo do que seja sexualmente atraente (ou seja, tenha um potencial econômico)".

Courtney fez parte desse jogo, pegou a herança do punk e abriu o caminho a todas aquelas mulheres que começaram a escrever músicas partindo do fracasso, sem se envergonhar de vestir alta-costura e fazer suas modificações, como o vestido de John Galliano exibido na edição do Globo de Ouro de 2000. Depois, quando passou dos cinquenta, parou com as provocações: "Nesta idade, não se faz mais isso. Seria patético e letal". Se em parte sua vida se acalmou, não perdeu o gosto de subir ao palco e permaneceu fiel a um gênero que hoje não é tão popular assim: "Estou interessada em fazer uma música que tenha um pouco de relevância. Ela é de nicho, mas o nicho existe. É ali que quero ficar". Quanto às velhas batalhas, não fala em recuar: "Eu sou feminista. A minha voz é feminista. O feminismo hoje tem a ver com a capacidade de lidar com os problemas, como a igualdade de salários entre homens e mulheres, os assédios sexuais nos locais de trabalho. E significa fazer isso em qualquer lugar, não só em Hollywood. É preciso cuidar da camareira, da secretária, lembrar que somos todas irmãs".

TINA TURNER

"What's Love Got to Do with It"

*I've been taking on a new direction
But I have to say
I've been thinking about my own protection
It scares me to feel this way oh oh oh
What's love got to do, got to do with it*

em *Private Dancer*, 1984

Uma faixa inicialmente escrita e pensada para outra banda, em 1984, tornou-se a música mais representativa do renascimento artístico de Tina Turner. Segundo single tirado do álbum *Private Dancer*, "What's Love Got to Do with It" combinou tão bem com a cantora, que se tornou a trilha sonora de sua primeira autobiografia em 1991 e o título do filme feito a partir do livro. "O que o amor tem a ver com tudo isso?", pergunta-se Tina repetidamente. Não se pode fazer outra coisa senão ler nas entrelinhas a história de um relacionamento tóxico, uma relação baseada em abusos e dependência, a história de Tina e de seu ex-marido, Ike Turner.

"Era sempre ofensivo e violento. Não se controlava, não havia liberdade. Chega um ponto em que você já aguentou o suficiente e diz que não vale mais a pena viver dessa maneira." Foram necessários anos até que Tina conseguisse descrever o inferno que foi seu casamento. Anos que passou juntando os pedaços do que restou da família e da carreira. Ike era um marido violento, um pai ausente e um empresário que tinha escravizado a estrela do show. "Se fiquei tanto tempo com ele, é porque tentei ajudá-lo desde o início, quando me falou sobre sua vida e quanto era difícil para ele fazer uma carreira. Prometi que nunca o deixaria e fiquei com ele para cumprir essa promessa. Mas depois tive de ir embora." Tina, porém, fez mais do que isso: depois de ter arriscado muito a vida ao lado de um marido descontrolado, não só recomeçou do zero o trabalho, como também se tornou um ponto de referência para todas as mulheres que vivem em uma condição de violência doméstica.

"Who Needs a Heart when a Heart Can Be Broken": Tina Turner se distanciou da ideia do amor romântico para nos entregar aquilo que se tornou uma espécie de hino da libertação sexual. E na sua estreia no ranking, aos quarenta e cinco anos, Tina quebrou também outro tabu: era a artista mais velha a chegar ao número um dos top 100 da Billboard. Geralmente, não é dada uma segunda chance a uma mulher com essa idade.

> ## Se renasce das suas cinzas, a vida se abrirá diante de você.
> ### Tina Turner

Tina foi uma estrela, mas nunca uma diva. Dizem que foi ela que ensinou a Mick Jagger a dança típica e as expressões com a boca. Nos tempos da ex-União Soviética, sua música foi inclusive vetada porque era considerada subversiva e excessivamente "sexual", devido às provocativas exibições ao vivo – ao menos aquela ao lado justamente de Jagger durante o Live Aid, em 1985.

A cantora do Tennessee nunca renunciou à energia contagiante, às minissaias e às perucas vistosas. Pelo contrário, fez delas um símbolo de emancipação do rock, conseguindo retomar o sucesso e o pleno controle da própria música em um mundo de homens. Uma revolução ainda em andamento e à qual resistem os mesmos impedimentos do passado. A jornalista britânica Laurie Penny explicou bem em um artigo que saiu no semanal *New Statesman*: "A feminilidade das políticas, das empreendedoras e das artistas é regularmente colocada em discussão. No imaginário popular cara feia e ambição são associados à masculinidade. Se quiser vencer, não deve ser uma verdadeira mulher. Se você prefere ter sucesso a ser querida, é considerada pouco feminina".

Quem faz mais cara feia que Tina? Quem mais do que ela está habilitado a mostrar os dentes depois de anos escutando os homens dizerem que nunca conseguiria chegar lá sozinha, que sua pele não era clara o suficiente, que a voz era muito rouca ou a idade muito avançada? Existe um termo em inglês que define o comportamento paternalístico de um homem quando explica algo a uma mulher: *mansplaining*. O termo começou a circular só em 2008, depois de um ensaio de Rebecca Solnit, escritora e feminista estadunidense, intitulado "Os homens explicam tudo para mim": "Alguns homens explicam as coisas, para mim e para outras mulheres, independentemente do fato de saberem ou não do que estão falando. Toda mulher sabe ao que me refiro: àquela arrogância que, às vezes, fica no caminho de nós, em qualquer setor, que não as deixa ouvir a própria voz e que as impede de serem ouvidas quando ousam falar, que oprime as mais jovens no silêncio, ensinando-as, assim, como são inconvenientes, que este mundo não pertence a elas. Para nós é um adestramento à insegurança e à autolimitação, enquanto os homens exercitam a arrogância injustificada". Não importa se nos tempos em que Tina lutava para se afirmar não existia ainda essa palavra, porque o *mansplaining* já existia.

Amalie R. Rothschild é uma diretora e fotógrafa americana que, entre o fim dos anos 1960 e o começo dos anos 1970, conseguiu imortalizar os principais eventos musicais da época e seguia as turnês dos artistas mais famosos. Mas a foto pela qual é mais apaixonada é uma imagem que tirou de Tina Turner e Janis Joplin juntas no palco do Madison Square Garden, em 27 de novembro de 1969: "Fomos à noite ouvir os Rolling Stones, e Ike & Tina Turner, que abririam o show. Janis estava sentada no público, ao nosso lado, Tina a viu e a convidou para subir ao palco. Foi um momento realmente emocionante". O público presente na apresentação não sabia, mas ambas as artistas estavam atravessando uma tempestade: os problemas com o álcool de Janis eram evidentes e ninguém imaginava o cenário de ferocidade e humilhação que era a vida de Tina em casa. No entanto, faltaram para a primeira o tempo e as palavras para descrever o tormento. Coube à segunda o papel de sobrevivente, e a sua voz representa ainda hoje a liberdade: "A quem quer que se encontre em um relacionamento violento, eu digo: se você se levanta e vai embora; se renasce das suas cinzas, a vida se abrirá diante de você".

TINA TURNER

TORI AMOS

"Leather"

Look I'm standing naked before you
Don't you want more than my sex
I can scream as loud as your last one
But I can't claim innocence

em *Little Earthquakes*, 1992

A vida de Tori Amos é uma parábola de resgate e talento. Em cada música escrita pela cantora e compositora americana, há uma pequena lição sobre como foram as coisas e como deveriam ter sido na verdade. São poucos os artistas dispostos a assumir tal responsabilidade durante a carreira inteira. Quando Tori quis fazer uma pausa, a fez gravando músicas de outros, um modo todo seu de colocar uma distância entre si e as palavras. Mas quando estava no palco, sentada ao piano, essa distância se apagava e ela se tornava uma com a faixa que estivesse interpretando.

Tori Amos tinha quase trinta anos quando o público se deu conta das suas capacidades. Em uma idade crucial para uma mulher e uma artista, Tori Amos vendeu cinco milhões de discos com o seu álbum de estreia, *Little Earthquakes*. É o cartão de visita de uma cantora e compositora que decidiu dar espaço a temas dos quais não pode e não quer se libertar: o relacionamento complicado com a religião e o pai – um reverendo metodista –, o feminismo e os estereótipos do gênero. Em "Leather", se pergunta se um homem pode alguma vez desejar de uma mulher algo além do sexo. Uma dúvida universal em que se lê o desejo de encontrar um lugar no mundo, de prescindir do próprio gênero. Quem sabe se Tori, imersa nos sonhos de Led Zeppelin, Doors e Rolling Stones, tinha alguma vez pensado em Nannerl Mozart, cuja genialidade jaz em um dos tantos sacos da história nos quais estão confinados os talentos femininos.

A cantora e compositora estadunidense escolheu exprimir sua criatividade no rock, o gênero que melhor se adapta à raiva juvenil que caracterizava sua estreia: "Hoje, mais do que nunca, quero me colocar diante do outro sem mediações, mesmo que isso, muitas vezes, não seja aceito, sobretudo pelos homens. Porque eles querem descobrir sozinhos como você é, e geralmente acabam se apropriando do seu melhor lado". O mesmo pensamento é a base de "Silent All These Years", outra faixa que procura dar voz ao ponto de vista feminino: "O feminismo foi importante porque as mulheres conseguiram se infiltrar na hierarquia. Mas tem uma coisa que não conseguimos apagar: nosso poder ainda é complementar ao masculino. A mulher não sabe o que é a verdadeira independência".

> **Por muito tempo ninguém deu espaço para a raiva feminina. Agora emergiu com evidência.**
> Tori Amos

Dois anos mais tarde, Tori Amos publicou seu disco mais famoso, *Under the Pink*, em que está a música pela qual seria universalmente conhecida. Também nesse caso, além da aparência, "Cornflake Girl" não tem nada de leve. A faixa é inspirada no romance da prêmio Pulitzer Alice Walker, *Possessing the Secret of Joy*, com o tema da mutilação genital feminina. A canção denuncia uma falta de sororidade e reflete sobre quanto as mulheres ainda são vítimas do clichê: de um lado, há as "garotas cereais", as *cornflake girls*, obedientes às autoridades; e do outro lado, as "garotas uvas-passas", *raisin girls*, independentes e de sexualidade livre. Também a música "God" é essencial no álbum para compreender a poética da artista: Tori Amos insulta o patriarcado que condicionou e moldou as religiões do mundo inteiro, em particular a cristã, causando algumas das piores guerras da religião, a caça às bruxas e as cruzadas. "A raiva não tem sexo, porque é a explosão de emoções contrastantes que vão além do ser homem ou mulher, é como a força da natureza que destrói e cria. É uma junção de desejos violados: de liberdade, independência, de querer chegar ao sucesso sozinha. A única diferença está no fato de que por muito tempo ninguém deu espaço para a raiva feminina, que agora emergiu com mais evidência."

Hoje, mais de vinte anos depois dos tormentos dos trinta de Tori, o talento continua a ser uma arma potente em suas mãos. No entanto, com quase sessenta anos, o problema continua sendo representado pelos estereótipos, ainda muito difundidos no mundo do rock: "Uma artista sofre muita pressão com relação à idade, sobretudo nos Estados Unidos. O ambiente da música não é como Hollywood, onde são criados papéis especialmente para as mulheres: no meu negócio, ninguém jamais pensaria em estudar uma turnê para Helen Mirren".

Tracey Thorn também levantou essa questão em um artigo para o *New Statesman*: "Às vezes, parece que na música pop não há lugar para as mulheres quando envelhecem, nem como artistas nem como público. A essência do rock é a rebelião juvenil, principalmente masculina. Pode fazer o papel de roqueira por alguns anos, mas a mulher madura é a inimiga número um". Enquanto os homens que passaram dos setenta continuam a subir com vigor nos palcos em turnês pelo mundo, as mulheres têm dificuldade em manter a credibilidade e o respeito: "Fora do rock, sempre foi mais fácil envelhecer e ser respeitada: os gêneros musicais menos amados pelos jovens sempre foram mais tolerantes. Aos sessenta e seis anos, Nina Simone ainda conseguia encantar Nick Cave. A cantora de Cabo Verde Cesaria Evora começou a ser apreciada em todo o mundo só por volta dos cinquenta anos, e Blossom Dearie ainda se exibia em Nova York aos oitenta. Para me animar um pouco, escuto Elaine Stritch, que canta 'The Ladies Who Lunch', e o último álbum de Peggy Seeger, gravado aos setenta e nove anos. E depois vou ver Imelda Staunton, que aos setenta e três é praticamente uma adolescente".

Enfim, tem a Elza Soares, cujo nascimento foi em torno dos anos 1930. A rainha da música brasileira ainda está na ativa e em 2018 lançou um dos discos mais políticos de sua carreira, *Deus É Mulher*: "Acho que Deus é mulher, porque se fosse homem já tinha acabado com tudo."

RICKIE LEE JONES

"We Belong Together"

*And the only heroes we got left
Are written right before us
And the only angel who sees us now
Watches through each other's eyes*

em *Pirates*, 1981

Em 1981, Rickie Lee Jones lançou seu segundo álbum intitulado *Pirates*. Se a homônima estreia estava impregnada da influência de Tom Waits, artista com o qual ela tinha uma forte ligação profissional e sentimental, o segundo trabalho teve influências do rompimento recente. "We Belong Together", a faixa de abertura, fala de um casal selvagem que procura se convencer de que conseguiriam ficar juntos. Outras letras apontam para a mesma direção: a autora exorcizou na música o fim de um relacionamento. Três anos antes, Tom Waits tinha celebrado o mesmo amor entre as ranhuras e no verso da capa do romântico *Blue Valentine*.

A partir dos anos 1970, as mulheres também começaram a ter uma maior liberdade de expressão. Dois estilos em particular acolheram o espírito de independência das artistas emergentes: a composição musical e o punk. Como recorda a crítica musical Elysa Gardner, "apesar de toda a diferença de estilo e valores musicais entre elas, essas duas tendências enfatizavam a expressão individual como o elemento mais importante comparado à presença de escritores externos, produtores – geralmente homens – que por tradição dirigiam as mulheres". No folk, artistas como Joni Mitchell, Joan Armatrading e Carole King podiam ostentar o mesmo respeito dado aos colegas James Taylor e Jackson Browne, enquanto Patti Smith com certeza não ficava atrás de Lou Reed ou Iggy Pop. Dessa experiência, entre o fim dos anos 1970 e o começo da década de 1980, outras artistas começaram a conquistar sempre mais espaço. "À medida que cresciam a segurança e a visibilidade, essas mulheres compartilhavam com os fãs as ideias sociais e políticas delas e até aspectos da vida pessoal. Ao fazê-lo, expandiam os limites de uma tradição já rica de cantoras e compositoras, demonstrando que tinham a imprudência necessária para se exporem na vida, além da arte."

> ## Não vejo nada de romântico em ser pobre ou alcoólatra, mas representar essas partes é apaixonante.
> ### Rickie Lee Jones

Nunca faltou imprudência a Rickie Lee Jones. Aos dezoito anos, largou a escola e se mudou para a Califórnia, onde começou a trabalhar e a se apresentar nos cafés da costa. Começou a colecionar material: histórias de bar, personagens perturbados, histórias de amor despedaçado e desolação urbana. Numa noite, esbarrou com um homem que tinha várias histórias para compartilhar.

A influência era evidente na estreia solista da cantora e compositora, uma anomalia no cenário musical da época, dominado por new wave e disco. Naquele período, Rickie Lee

Jones habitava o mundo que retratava e, dividindo-o com Tom Waits, as coisas pareciam inclusive piorar: "Quando estávamos juntos, vivíamos como personagens de um filme. Não vejo nada de romântico em ser pobre ou alcoólatra, mas representar essas partes é tão apaixonante que você não quer parar. Então, um belo dia, terminei com Tom. Éramos sonhadores que se amavam intensamente porque ambos haviam caído no lugar errado. E o jogo estava se tornando muito perigoso".

Depois de dois anos, o relacionamento terminou. Rickie Lee Jones digeriu o rompimento escrevendo um disco, Tom Waits, casando-se com a mulher que está ao lado dele até hoje e colabora com as suas músicas.

Mas aquele relacionamento tumultuoso dos vinte anos acabou engolindo Rickie: para a imprensa e a crítica, ela não era só uma cantora e compositora anticonformista que colocava as próprias experiências na música; tornou-se primeiro a mulher de Tom Waits, depois, a ex de Tom Waits e, por fim, uma Tom Waits de saia. "Entendo que fui muito comparada a Tom, já que ambos descrevíamos os personagens encontrados na estrada, mas nosso modo de escrever e cantar não tem nada em comum." Mais tarde, quando Rickie Lee se aproximou do jazz, a mídia começou a compará-la a Joni Mitchell: os universos musicais delas eram distantes, porém a autobiografia era o elemento que as aproximava.

No entanto, muito frequentemente, os temas que a musicista de Chicago abordava eram considerados histórias autobiográficas. Parece que é particularmente difícil entender que também as mulheres transformam histórias pessoais em narrativas que não têm nada a ver com a vida real delas. Um exemplo recente: no final de 2017, "Cat Person" se tornou o caso editorial do ano. O conto foi publicado no *New Yorker* e os milhares de leitores que compartilharam o texto nas mídias sociais presumiam que a autora, Kristen Roupenian, havia vivido pessoalmente o episódio sexual narrado. Mas quando ela desmentiu o lado biográfico, os leitores viram como uma traição, sentiram que haviam zombado deles.

Superando os rótulos que lhe davam, Rickie Lee Jones seguiu em frente: continuou transitando entre pop, rock, soul e standard jazz, colecionou dois Grammys e cada lançamento discográfico se descolava completamente do anterior. Em *Traffic from Paradise,* escolheu para a produção uma equipe só de mulheres; em *The Sermon on Exposition Boulevard*, se aproximou da fé com um olhar desencantado para cada centímetro da sua vida; em *The Other Side of Desire,* buscou inspiração em Nova Orleans: "Aqui está mais um álbum, tirado da minha imaginação e de qualquer outra coisa que não se pode descrever com palavras, usando a argila do lugar e as formas dos meus olhos para criar algo que pudesse reestabelecer uma fotografia nítida da minha vida ou do meu coração, algo que só eu pudesse compreender profundamente e que desejo que os outros possam apreciar completamente". Não é preciso ter uma resposta para todas as perguntas, basta se apaixonar pela coragem da liberdade.

JONI MITCHELL

"All I Want"

I am on a lonely road and I am traveling
Looking for the key to set me free
Oh the jealousy
The greed is the unraveling it's the unraveling
And it undoes all the joy that could be
I wanna have fun, I wanna shine like the sun

em *Blue*, 1971

Esse trecho de "All I Want" contém toda a essência de Joni Mitchell: a ideia de tentar se levar um pouco menos a sério. *Blue*, o álbum mais vendido da carreira de Joni Mitchellm, que sempre ocupa as posições mais altas no ranking dos discos relevantes do século 20, contém toda a essência dela: "Eu estava isolada e começando a me sentir como um passarinho em uma gaiola dourada. Você pode imaginar o sucesso de muitas maneiras. Naquele período, eu não tinha filtros que permitissem que me defendesse, portanto, dificilmente vocês encontrarão uma nota de falsidade naquele álbum".

Era 1971, e a cantora e compositora canadense, aos vinte e oito anos, já havia definido os cânones de um estilo que marcaria uma época. *Blue*, como *Tapestry* para Carole King e *No Secrets* para Carly Simon, representa o tipo de rótulo do qual uma artista não pode mais se libertar. Os sentimentos de Joni Mitchell com relação ao seu trabalho mais famoso são tão contraditórios quanto aqueles que nutre por sua condição de cantora e compositora: "Sou, antes de tudo, uma pintora e depois uma musicista", admite. Se isso for verdade, principalmente na última parte de sua carreira, também é fato que quase todo álbum escrito, tocado e produzido por Joni tem uma pintura feita por ela na capa.

Joni Mitchell é uma artista completa. Passou os primeiros anos escrevendo sobre si, o que lhe conferiu o título de "poetisa confessional". Quando era jovem, colocava suas emoções na música, mas, quando se arrependeu, percebeu que os fãs e a crítica não se esquecem: a indústria tem a necessidade de classificar um gênero, torná-lo acessível, replicar um álbum inteiro, caso tenha vendido bem. "Essa sempre foi a maior diferença entre as artes do espetáculo e ser um pintor. Um pintor pinta um quadro e é isso. Teve a alegria de criá-lo e o pendura na parede, alguém compra, outra pessoa recompra, ou ninguém compra e ele fica em algum sótão, até que o artista morra. Mas ninguém jamais disse a Van Gogh: 'Pinte de novo *A noite estrelada*, amigo!'. Ele pintou e fim."

> ## A liberdade me serve para poder criar, e, se não posso criar, não me sinto viva.
> ### Joni Mitchell

Joni não ama ser definida por apenas um trabalho, que o público fique apegado a músicas velhas ou que a indústria discográfica a tenha relegado unicamente ao folk. Tudo o que deseja é se sentir livre e ter a possibilidade de continuar experimentando, como fez na segunda metade dos anos 1970 em diante, aproximando-se primeiro do jazz e depois da eletrônica, colaborando com artistas muito diferentes entre si, como Charles Mingus, Jaco Pastorius e Pat Metheny.

"Queremos que os nossos artistas continuem como eram quando os conhecemos. Mas nossos artistas querem evoluir. Às vezes, a briga é tão violenta, que se vê uma rebelião no artista", afirma a escritora Zadie Smith em seu texto dedicado à cantora. "A inquietude de Joni Mitchell é só um efeito colateral natural de sua atividade artística, e isso vale também para Dylan, vale para Joyce e Picasso. Joni Mitchell não quer viver no meu sonho, trancada como em um eterno 1971: a vida dela tem um tempo próprio. A pior coisa possível para um artista é existir como objeto de epifania alheio."

Entre o fim dos anos 1960 e o início da década de 1970, Bob Dylan não era só uma presença nas casas dos americanos; tornou-se uma obsessão, e, para a autora de "Chelsea Morning", há o risco de passar-se por uma Dylan feminina. No entanto, ela não concorda: "Não é mania de perseguição, é a verdade. A mídia me relegava nos mesmos artigos coletivos do tipo Mulheres no Rock. Queria que fosse como em Paris nos anos 1920, quando os artistas passavam horas discutindo entre si, mas com as mulheres sempre foi assim: aquelas fortes e talentosas fazem os homens se sentirem desconfortáveis".

A jornalista Linda Grant tem a mesma opinião e escreveu no *Guardian* sobre como sempre faltou à musicista a devoção obsessiva que o público masculino reservava a Grateful Dead e Bob Dylan. E como recorda o ex-marido, Chuck Mitchell: "Os garotos a amavam porque era grandiosa, enquanto as garotas se identificavam com ela".

Em 2015, um aneurisma comprometeu tanto o estado de saúde de Joni Mitchell, que a impediu de voltar. Mas já fazia tempo que Joni não pensava mais na música: "Estou doente desde 2009 e quando a energia não está no máximo, você não tem vontade de criar. Só consigo pintar, ainda que não na mesma frequência de antes. Mas antes da doença, desiludida e frustrada com a corrupção dos negócios discográficos, eu já tinha desacelerado. Foram as escolhas infelizes da indústria que mataram o meu interesse". Não poderia ter explicado melhor: em um mercado que coloca o próprio interesse na frente daquele do artista, não há o que fazer. "Para mim, a liberdade é o luxo de poder seguir o caminho do coração, de conservar a magia na própria vida. A liberdade me serve para poder criar, e, se não posso criar, não me sinto viva."

Quando reapareceu em público para festejar seu septuagésimo quinto aniversário, não pôde se exprimir como gostaria, mas, se pudesse, seu espírito ainda seria combativo. Graham Nash, James Taylor, Chaka Khan, Norah Jones, Diana Krall, Kris Kristofferson, Rufus Wainwright, Seal e muitas estrelas de Hollywood entraram na fila para homenagear a vida e a arte de uma das mestras mais influentes. Ao olhá-la no palco, tão orgulhosa, elegante em uma roupa carmim suave e larga, vêm à mente as palavras de sua caixinha celebrativa: "Estou totalmente fora de sintonia com estes tempos trágicos. Se me empurrarem em direção à mediocridade, que vende muito bem, eu lutarei como Bette Davis, que disse: 'Quem quer que se meta entre mim e minha arte é meu inimigo'".

JOAN BAEZ

"We Shall Overcome"

We are not afraid
We are not afraid
We are not afraid, today
Oh, deep in my heart
I do believe that
We shall overcome
We shall overcome
We shall overcome, some day

em *Joan Baez in Concert Part 2*, 1963

"Quero ser lembrada, antes de tudo, como ativista política e social, e depois como cantora de folk." Em 2018, Joan Baez deu adeus aos palcos, era muito cansativo para ela continuar se apresentando, e a voz já não era mais a mesma de antes, disse. Porém, não tinha a intenção de pendurar a guitarra: ninguém jamais poderá lhe impedir de carregar o instrumento em sinal de rebelião.

Quando, no fim dos anos 1950, Joan Baez invadiu a cena, foi para ficar. Os tempos já estavam maduros para que o folk pudesse sair e invadir os prados de grandes encontros e a cantora e compositora americana era a pessoa certa para acompanhar essa mudança: aprendeu a lição da discussão e participação política frequentando o circuito universitário, aprendeu a tocar violão com suas colegas de estudo e depois as deixou para se colocar à prova nos cafés ainda cheios da experiência beat. "Quando eu cantava 'We Shall Overcome' e era uma garotinha de dezessete anos, não achava que conseguiríamos a paz eterna no mundo, ou que nunca mais estourariam guerras, mas eu lutava mesmo assim, fazia com que minha voz fosse ouvida contra o que eu achava que era injusto." Muitas pessoas notaram a voz de Joan desde sua primeira aparição no festival folk de Newport em 1959, entre elas os produtores do seu primeiro disco. "Eu estava aterrorizada. Sentia-me como uma medusa, quase não conseguia ficar de pé e tive de pedir a alguém para me colocar no palco. Com o tempo, isso passou."

> **Eu lutava, fazia com que minha voz fosse ouvida contra o que eu achava que era injusto.**
>
> Joan Baez

Assim que conquistou a confiança e o respeito dos fãs, ela estava pronta para compartilhar o sucesso com um jovem cantor e compositor, cujo talento descobriu antes de qualquer outra pessoa: "Quando o encontrei, ele estava cantando em um pequeno clube de folk em Nova York. Assim que o vi, pensei que tinha algo de muito, muito especial. Bob sempre foi diferente, sempre fazia o que queria". Com a simplicidade e a confiança nos outros que a acompanharam desde jovem, Joan Baez mostrou Bob Dylan ao próprio público, e deu certo, apesar daquele caráter que sempre lhe distinguiu. No começo dos anos 1960, Joan e Bob conectaram suas vidas em cima e atrás do palco, e o repertório de ambos se entrelaçava em canções politizadas e de sentimentos e paixões contrastantes. "Diamonds and Rust", a música que ela escreveu depois do término do relacionamento, é uma das suas composições mais amadas e também uma das mais revisitadas por outros artistas.

"Aos que me dizem que meu nome ficará sempre ligado ao dele, respondo que é um belo modo de ser lembrada" – Joan minimiza hoje, mas, depois do rompimento, passaram-se muitos anos antes que os dois aceitassem dividir de novo o mesmo palco. Dylan se distanciou de Joan e também do empenho político, enquanto ela imergia ainda mais nas batalhas pelos direitos civis e contra a guerra, abordando temas até aquele momento inexplorados no folk. Leslie Berman, que assina a *Rolling Stone* e outras publicações norte-americanas, lembra como "os movimentos sociais dos anos 1960 ofereciam uma provisão ilimitada de material sobre o que cantar e para escrever músicas, e transformaram em palco também as manifestações, as paradas e os espetáculos de arrecadação de fundos. Um momento de intensa ação e também de liberdade exaltante para as mulheres que começavam a sair da garrafa no campo musical".

Assim, as mulheres finalmente saíam da garrafa: as ondas de feminismo nascente as presentearam com uma nova consciência e foram o impulso decisivo de que a sociedade precisava para começar a aceitar as mulheres com as guitarras. Porque, como diz a sarcástica jornalista inglesa Julie Burchill, antes daquele período "uma mulher que usava um vestido e carregava uma guitarra parecia estranha, como um cachorro tentando sentar em uma bicicleta". E é esse o espírito que avivou a nova redefinição das relações entre os sexos e da percepção da mulher na sociedade. Um espírito que a escritora Irina Dunn sintetiza perfeitamente: "Uma mulher sem um homem é como um peixe sem bicicleta".

A partir dos anos 1960, muitas jovens decidiram aparecer na arena, sem uma banda ou parceiros. Como conta a repórter da *Rolling Stone* Barbara O'Dair no livro *The Rolling Stone Book of Women in Rock: Trouble Girls*, "Carole King saiu de detrás da máquina de escrever e experimentou cantar seu material, Laura Nyro se lançou no ativismo em defesa dos animais, Bonnie Raitt amplificava sua guitarra e chegou ao ranking do blues ao pop, Rory Block deu forma a um novo blues a partir da sua história pessoal". E a mensagem mais importante veio da pluralidade de vozes e intenções que se encontravam e conviviam lado a lado. Então aconteceu que, no palco de Woodstock, em 1969, Joan Baez se viu ao lado de Janis Joplin: "Eu a adorava. Era uma pessoa que realmente lhe comovia porque você conseguia ver a vida difícil que ela teve. Acho que transparecia naquela voz magnífica, tão rouca, capaz de evocar todos os sofrimentos e as alegrias do mundo". Joan e Janis participaram do que é lembrado como um dos encontros mais importantes da história da música, mas as mulheres em cartaz eram contadas nos dedos de uma mão. E o caminho ainda é longo: "Ainda não temos a igualdade, mas não podemos nos esquecer de que, até não muitas dezenas de anos atrás, a maioria das mulheres tinha certeza de que nosso papel era ficar em casa e não trabalhar".

Há sessenta anos de sua tímida estreia, a atitude e o repertório da rainha do folk continuam a ser uma herança importante. E a quem apoia que o ativismo daqueles anos não tenha sido útil, Joan responde com o maior dos ensinamentos: "O mundo não é perfeito, mas participei das batalhas pelos direitos civis e humanos que foram importantes para aumentar a liberdade e os direitos das pessoas. Mesmo que fossem dez pessoas ou apenas uma, valeu a pena".

CHRISSIE HYNDE

THE PRETENDERS

"Brass in Pocket"

'Cause I gonna make you see
There's nobody else here
No one like me
I'm special, so special

em *Pretenders*, 1980

Toda vez que Chrissie volta ao mercado com um álbum dos Pretenders ou algo solo, aquela faixa do começo que foi o trampolim da sua carreira volta à mente. E Chrissie não se entusiasma: "Quando acontecia de ouvi-lo, eu morria de vergonha. Todos diziam que era uma música fantástica: por isso eu não gostava. Era muito óbvio".

Mas de óbvio não tinha nada: no fim dos anos 1970, as mulheres corajosas, dedicadas ao rock'n'roll, não eram muitas, e quando uma faixa como "Brass in Pocket" chega ao topo do ranking, as palavras *I'm special, so special* soam um pouco como uma revanche.

Chrissie Hynde é durona, sempre foi, senão não teria conseguido resistir por tanto tempo nesse ambiente: "Acho que precisamos levar a vida a sério, mas no rock'n'roll ou você ri ou nem venha para a festa". Indiferente à moda, fiel a si mesma, ela não dá desconto para ninguém, nem para a música: "Hoje, o rock se tornou o que defino como *glory rock*, aquele com valores familiares. Mas nessa música o que atraiu sempre foi a irreverência"; nem para os colegas (notáveis as palavras sobre Brian Eno): "O canto dele não é muito diferente do barulho de uma lebre atingida por um tiro na bunda"; nem para as colegas: "Ninguém jamais viu minhas pernas, minha bunda ou meus peitos. Toda a imagem do Blondie se resumia ao seu decote, aos seus cabelos, ao seu rosto, aos lábios emburrados. Assim, quando voltou e não era mais um sex symbol, todos comentaram. Já eu posso me permitir tocar até hoje e não tenho nenhum problema".

"

Acho que precisamos levar a vida a sério, mas no rock'n'roll ou você ri ou nem venha para a festa.

Chrissie Hynde

"

Chrissie foi um exemplo para muitas artistas como Madonna, Go-Go's, Sheryl Crow. Foi a sua obstinação que abriu os olhos de outras mulheres que estavam batendo na porta da indústria musical. Entendemos, na sua autobiografia de 2015, *Reckless*, quanto sua vida foi condicionada por encontros violentos e homens agressivos: "Me arrependo da metade do que vocês lerão neste livro; a outra metade é a música que vocês escutaram". Chrissie se sentia atraída pelo mundo do rock e do ciclismo, e acabou aceitando os abusos, até mesmo fazendo parte deles. Em retrospecto, assumiu toda a responsabilidade. Mas como também lembra Tracey Thorn em um de seus artículos para o *New Statesman*, "hoje é fácil esquecer que há um tempo a única identidade musical possível era a masculina. Ser mulher significava não ter um lugar no cenário do rock que ela amava tanto. Queria com tamanha intensidade ser uma deles, que aceitava as regras. É por isso que adotou o comportamento masculino, tomando para si toda a culpa".

De uma cidadezinha de Ohio, Chrissie Hynde, com pouco mais de vinte anos, se mudou para Londres no começo do punk, com a cabeça cheia de sonhos de rock e uma mala de recortes de jornal sobre Brian Jones e Iggy Pop. Acabou atrás do balcão da Sex, a loja de roupas e acessórios de látex de Vivienne Westwood e Malcom McLaren. Teve aulas não usuais de guitarra com John Lydon e escreveu críticas para a *New Musical Express*. Mas seu sonho era outro: "Todos tinham um grupo musical, menos eu, e isso fazia com que me sentisse mal". Demorou um pouco para que o Pretenders se tornasse realidade. Primeiro vieram as rejeições, os testes para o Generation X, de Billy Idol, para um núcleo embrionário do Clash e para o Damned. Era só esperar a ocasião certa. Quando chegou, Chrissie tinha quase trinta anos e havia se preparado a vida inteira para aquele momento. Porém, aos quarenta, parecia já querer parar, menos quando era levada ao palco por uma paixão inesgotável pela música. Em meio a dois casamentos, aos filhos e à morte de dois membros da banda levados pela heroína, com poucas semanas de diferença, estavam as grandes produtoras que exigiam ditar as regras.

Com um estilo original, apresentação segura e uma atitude punk, Chrissie, juntamente com as suas contemporâneas menos notáveis, como Lene Lovich, Wendy O. Williams, Nina Hagen, Exene Cervenka, Lydia Lunch, permitiu abrir novos horizontes à identidade feminina. E todas as mulheres que vieram depois puderam ser algo novo justamente porque tinham esses modelos diante dos olhos.

Ainda em 2015, com *Reckless* saiu também *Hunger Makes Me a Modern Girl*, a biografia de Carrie Brownstein, líder do Sleater-Kinney. Os dois livros são muito diferentes – mais de vinte anos e um cenário que mudou para melhor dividem as duas mulheres: enquanto Chrissie havia agido sozinha como uma pioneira, Carrie pôde se identificar no movimento riot grrrl. Tracy Thorn lembra que esteve em um show riot grrrl em Londres: "Estavam tocando Huggy Bear e Bikini Kill e o público era composto só de mulheres. Era empolgante, muito diferente dos tempos do punk, quando também as mulheres podiam estar em cima do palco, mas geralmente os homens eram a maioria. O feminismo e a política de gênero haviam voltado a se fortalecer, e dessa vez as garotas na música não eram mais coadjuvantes".

Mas enquanto houver só homens no topo da indústria musical, não se pode baixar a guarda nem mesmo hoje: Jimmy Iovine, famoso produtor de *Easter,* de Patti Smith; *Bella Donna,* de Stevie Nicks; e *Get Close,* do Pretenders, durante a promoção do serviço de streaming musical da Apple, em 2015, falou à CBS como se o trabalho fosse simples, "à prova de mulheres", e que o comercial havia se inspirado no estereótipo de um grupo de mulheres que conversavam sobre homens em volta de uma mesa. Não comprar certas batalhas, hoje, seria um erro gravíssimo.

RITA LEE

"Agora Só Falta Você"

Um belo dia resolvi mudar
E fazer tudo o que eu queria fazer
Me libertei daquela vida vulgar
Que eu levava estando junto a você
E em tudo o que eu faço
Existe um porquê

em *Fruto Proibido*, 1975

O ano de 1975 representou um tipo de divisor de águas na carreira da musicista brasileira Rita Lee. *Fruto Proibido*, o terceiro álbum longe da formação histórica de Os Mutantes, foi elogiado pela crítica, quebrando a marca de mais de duzentas mil cópias vendidas, um verdadeiro recorde para um disco de rock na época. Anos depois, a edição brasileira da revista *Rolling Stone* inseriria *Fruto Proibido* entre os melhores álbuns de todos os tempos, confirmando Rita Lee como a única e incontestável rainha do rock do país. Em uma análise mais atenta, entre as faixas do LP não escapa uma música que representasse uma carta de intenções verdadeira e apropriada. Em "Agora Só Falta Você", Rita deu adeus oficialmente à sua vida anterior e não era um risco imaginar que aquele adeus fosse sobretudo dirigido ao ex-marido e colega de banda, Arnaldo Baptista.

A evolução musical de Rita Lee começou no fim dos anos 1960 quando, do núcleo original das Teenage Singers, Rita foi a única admitida no clube só de homens que se revelaria como Os Mutantes. Todavia, é impossível não perceber os preconceitos e obstáculos que marcaram essa fase da carreira dela. Entre 1968 e 1972, Rita Lee ajudou a escrever as letras de quase todas as composições da formação carioca, colaborou com as melodias, com os arranjos e cuidava da imagem, escolhendo pessoalmente o figurino de cada um. Porém, mais ou menos no mesmo período do fim do seu casamento com Baptista, réu confesso de um considerável número de relacionamentos extraconjugais, o que a esperava era a expulsão da banda. Foi justamente o marido que lhe deu a notícia: "A gente resolveu que a partir de agora você está fora dos Mutantes porque nós resolvemos seguir na linha progressiva-virtuosa e você não tem calibre como instrumentista". Foi nesse ponto que Rita sentiu o dever de demonstrar, sobretudo a si mesma, não só que estava à altura de fazer parte de uma banda de rock, mas de tomar decisões substanciais para sua carreira.

> ## Vivi intensamente a minha época sem pensar que seria considerada revolucionária.
> Rita Lee

Ao tirar a roupa de garota boazinha e bem-acolhida entre os homens, Rita pôde dar espaço à sua criatividade e surfou na onda de todas as revoluções que marcaram seu tempo. Armada de ironia e de uma personalidade irreverente, escreveu músicas que se tornaram manifestos feministas: "Ovelha Negra", "Lança Perfume", "Agora só Falta Você", "Baila Comigo", "Banho de Espuma", "Desculpa o Auê", "Erva Venenosa". Não só, reivindicou, com músicas como "Amor e Sexo" e "Mania de Você", a possibilidade de escrever sobre erotismo em uma época em que certos assuntos eram territórios inexplorados por uma autora.

Disse sobre si: "Sou do tempo em que feminismo era queimar sutiã no meio da rua, e eu nunca tive peito suficiente para sequer usar sutiã. Subia no palco com duas missões: me divertir e divertir a quem estava lá me assistindo".

Rita Lee não amava os rótulos, tirou-os de suas costas há muitos anos, e mesmo assim é inegável quanto sua carreira inteira tenha contribuído para quebrar os preconceitos da indústria musical e expandir as possibilidades para as artistas que vieram depois.

Em sua autobiografia, descreveu sua adolescência vivida como um menino: "Todas as meninas da minha idade já usavam sutiã, tinham pentelhos e já era 'mocinhas', enquanto eu continuava uma tábua despelada e masculinizada, aquela que os meninos por quem se apaixonava tratavam como igual". Um sentimento comum, que acompanha milhões de jovens, esse de não se sentir alinhada o suficiente ao que se espera de uma garota. Passaram os anos, mas desconstruir esses modelos ainda é complicado. Dezenas de testes feitos com crianças demonstraram quanto o masculino ainda e um gênero predefinido. Um preconceito enorme e bem enraizado, tanto que induz a mídia do mundo inteiro a celebrar com entonação triunfal o fato de que hoje, quando pedem às crianças que "desenhem um cientista", vinte e oito por cento delas retratam uma cientista mulher. A desigualdade de gênero infelizmente se esconde em todos os lugares, e a música é só um dos ambientes em que uma mulher é obrigada a dar passos gigantes para recuperar terreno. E isso acontece porque no passado as mulheres não tinham acesso ao estudo, o ensino para as mais sortudas era concedido dentro dos ambientes domésticos e a realização de obras artísticas, tão importante para a reputação de um homem, era vetada para as mulheres porque era vista como uma atividade inconveniente.

É por isso que é tão importante, para a história das mulheres de um país, poder contar com uma personalidade como a de Rita Lee. Uma musicista corajosa quando fala de maternidade e carreira, limpando o campo de sentimentos de culpa e arrependimento, em primeira linha quando se trata do direito de toda mulher de interromper uma gravidez. Uma profissional à frente de seu tempo, que desafiou as normas de gênero e procurou difundir alegria por meio de sua arte. "Vivi intensamente a minha época sem pensar que futuramente seria considerada revolucionária. Acho que abri, sim, estradas, ruas e avenidas. E vejo que hoje as garotas desfilam por elas, o que me faz sentir um certo orgulho. Ser pioneira teve um preço, mas também fez escola."

Meu primeiro encontro com a música de Rita Lee aconteceu graças à televisão italiana. Era 1984 e, no primeiro canal, por seis semanas, foi ao ar um programa chamado *Te lo do io il Brasile*. O apresentador Beppe Grillo, conhecido comediante da época e hoje um dos principais agitadores da política do meu país, comentava os aspectos mais curiosos e as contradições mais evidentes de um Estado considerado muito parecido com a Itália. Futebol e moças com poucas roupas, como sempre, eram o padrão. Porém, quando Rita Lee aparecia na tela, convidada fixa do programa, Grillo não fazia mais piadas. No palco, era a vez de uma senhora que não se parecia nada com o estereótipo da mulher carioca pronta a desfilar em um carro pelas ruas do Rio. Rita Lee era diferente também da companhia de dança italiana. Era uma musicista que, apesar do playback e da ausência de instrumentos musicais no palco, estava ali para contar uma história, e mesmo se as palavras nem sempre eram claras, a imagem e o carisma não deixavam os espectadores indiferentes. E assim, mais de trinta anos depois daquela única e singular aparição na televisão, os italianos levam Rita Lee no coração, uma mulher que ainda hoje não parou de nos impressionar e contar a sua verdade: "Eu era a única menina roqueira no meio de um clube só de bolinhas, cujo mantra era: para fazer rock tem que ter culhão. Eu fui lá com meu útero e meus ovários – e me senti uma igual, gostassem eles ou não".

RITA LEE

YOKO ONO

"Imagine"

Imagine there's no countries
It isn't hard to do
Nothing to kill or die for
And no religion too
Imagine all the people
Living life in peace

em *Imagine*, 1971

Até 2017, teria sido impossível atribuir uma das canções mais famosas e tocadas no mundo à viúva Lennon. Mas no mês de junho daquele ano, a National Music Publishers Association, além de premiar "Imagine" com um Centennial Song Award, realizou o desejo expressado pelo ex-Beatles pouco antes de morrer de colocar o nome de Yoko Ono como coautora da música. Em uma entrevista em 1980 à BBC, John tinha declarado: "Eu nunca teria conseguido escrever 'Imagine' sem ela. Ajudou-me com muitos versos, mas naquela época eu ainda era muito egoísta, muito machista e omiti a menção à sua contribuição". Sean, o filho do casal, não poderia ter ficado mais satisfeito: "Quando a reconhecerem oficialmente, posso dizer que vivi o momento mais feliz da minha vida". Sean Lennon é provavelmente um dos poucos fãs dos Beatles que ficaram felizes.

Desde sua primeira aparição, no fim dos anos 1960, Yoko Ono foi uma das artistas mais detestadas e caluniadas. O crime dela? Ter se apaixonado por John Lennon. A imprensa britânica geralmente se referia a Yoko com o apelido *Dragon Lady*, referindo-se à imperatriz da China que defendeu o próprio país da colonização britânica, uma expressão para definir mulheres fortes, manipuladoras, prepotentes; um estereótipo que identificaria a mulher, sobretudo de origem asiática, como sedutora, tirana e traidora.

Quando, em 1967, John e Yoko começaram o relacionamento, o equilíbrio que os Beatles tiveram por anos já estava mudando. Os quatro rapazes de Liverpool estavam crescendo, em busca das próprias identidades individuais. John encontrou a sua nas batalhas pelos direitos civis: "Quando eu e John começamos a fazer algo contra a guerra, olhamos em volta e não tinha muita gente interessada na paz". No entanto, antes disso, havia outra guerra que os esperava: assim que Yoko começou a ocupar um espaço na vida do parceiro, atraiu as críticas dos colegas da banda, incomodados com uma presença considerada supérflua e complicada. Essa investida malévola assumiu dimensões tais, que virou um arquétipo: ser uma "Yoko Ono" significa exercer uma influência ruim em um grupo relacionando-se com um dos membros.

> **Devemos continuar nos empenhando, porque um dia sorriremos todos juntos.**
>
> Yoko Ono

No livro *Memories*, organizado por Yoko Ono, lê-se: "Em 1968, eu e John decidimos ir à abertura de uma exposição. Quando entramos, todos os olhos se voltaram a nós, mas depois, de repente, viraram as costas em um piscar de olhos e recomeçaram a conversar entre si. Vendo-me entristecida, John pegou minha mão e disse: 'Sabe, diante das adversidades, é preciso caminhar com a cabeça erguida'. Desde então, tivemos de nos esforçar várias vezes para caminhar de cabeça erguida. Foi mais difícil depois da morte dele, quando tive de aguentar sozinha o peso dos ataques. Mas sempre continuei a caminhar de cabeça erguida no meio da tempestade".

Os sentimentos que Harrison e McCartney nutriam por Yoko também alimentaram o ódio da imprensa e dos fãs. Segundo o ascético George, ela emanava vibrações negativas, enquanto Paul a chamava de *Jap Tart*, piranha japonesa. Em 2016, em uma entrevista à CNN, McCartney abordou seu difícil relacionamento com a viúva Lennon: "No começo, nos sentíamos ameaçados enquanto estávamos gravando. A maior parte das bandas não conseguiria lidar com uma situação do gênero. Não era uma questão de sexismo, mas as mulheres não iam ao estúdio, aquele era um espaço nosso".

Yoko tinha uma vida, uma carreira, antes de encontrar os Beatles, uma vida que, ainda hoje, muitos desconhecem: estava entre os primeiros membros do movimento Fluxus, uma rede internacional de artistas, compositores e designers famosos por ter misturado diversas mídias e disciplinas artísticas. Além da performance e da videoarte, desde o início dos anos 1960, Yoko organizava concertos em apartamentos. Foi uma das primeiras a explorar a arte conceitual; entre 1964 e 1972 dirigiu dezesseis filmes experimentais, e seu *Grapefruit*, um manual de instruções zen para a arte e a vida, continua sendo reimpresso após mais de meio século da primeira edição. Também é de 1972, o manifesto *Feminization of Society* contra o patriarcado: "Proponho o uso da natureza feminina como força positiva para mudar o mundo, para evoluir em uma sociedade orgânica, não competitiva, com base no amor, mais que na razão".

A arte de Yoko Ono, apesar dos anos de exposições e retrospectivas realizadas nos museus mais importantes do mundo, não é acessível a todos, se apoia em uma matriz dadaísta e frequentemente é objeto de críticas devido à sua obscuridade. A descrição que Lennon fez ainda é atual: "É a mais famosa artista desconhecida: todos conhecem seu nome, mas ninguém sabe o que ela faz".

Hoje, essa senhora de mais de oitenta anos distribui mensagens de paz por meio das redes sociais, continua fazendo música, muitas vezes com o filho, Sean, e tem um único herói: "Meu marido, John Lennon. Foi a única pessoa que conseguiu me apoiar. Para um homem, parece sempre complicado entender o que as mulheres pensam. A maioria nem mesmo as escuta. John tinha abraçado o feminismo sem pensar duas vezes".

Atualmente, a discografia dela compreende mais de vinte álbuns solo e mesmo na cadeira de rodas não renuncia ao ativismo: Yoko continua marchando com as mulheres pelas ruas de Nova York. "Devemos continuar nos empenhando, porque um dia sorriremos todos juntos." E a quem se pergunta sobre a fonte de sua perene inspiração, responde: "Estou sempre dentro de mim e escuto o que me vem à mente. Sou apaixonada pela vida, pelo mundo, a todo o instante".

MARIANNE FAITHFULL

"Witches' Song"

*Sister, we are waiting on the rock and chain
Fly fast through the airwaves, meet with pride and truth*

em *Broken English*, 1979

"Provavelmente, o máximo que você pode esperar do fim de um relacionamento é sair com algumas músicas boas." Marianne Faithfull não se refere apenas ao seu relacionamento mais icônico. Ainda que a imprensa continue a se interessar em seu caso com Mick Jagger, as histórias de amor lhe renderam mais discos que segurança.

Em 2018, Marianne lançou *Negative Capability*, "o álbum mais sincero que já compus", o vigésimo da carreira em estúdio em que, além das faixas inéditas, presenteou os fãs de hoje com duas músicas de ontem: "As Tears Go By", o single escrito para ela por Mick Jagger e Keith Richards, um jogo de garotos que deu o tom à carreira dos Rolling Stones, e "Witches' Song", uma faixa do álbum *Broken English*, uma música de atualidade surpreendente, uma pequena lição de feminismo de grande potência à frente de seu tempo.

A artista inglesa tirou muitas pedras do sapato. Não é um segredo que gostaria de ter tido um final diferente para a sua história com o líder dos Stones, mas foi com Mick que aprendeu a escrever músicas, começando por "Sister Morphine", que saiu como um single em 1969: foi um escândalo, o disco permaneceu no mercado por apenas três dias e foi retirado devido à referência à droga contida no título. Quando a faixa foi inserida um pouco depois no álbum *Sticky Fingers,* dos Stones, não houve nenhum problema. Como nos lembra a jornalista Anwen Crawford, em um artigo incisivo que saiu no *New Yorker* com o título "The World Needs Female Rock Critics", "o rock raramente ofereceu às mulheres a mesma promessa tangível de rebelião social que deu aos homens, mesmo que muitas tenham procurado e encontrado aquela liberdade do mesmo jeito". Marianne Faithfull era uma delas.

> ## Quando entrei neste mundo, eu passava muito tempo sentada em algum lugar, empenhando-me em ser bonita.
> ## Marianne Faithfull

"A rebelião é a única coisa que lhe mantém viva." Não deve ter sido fácil se libertar de pelo menos meia dúzia de rótulos um tanto depreciativos, como mulher e como artista: além de ter sido primeiro a namorada e depois a ex de Mick Jagger, Marianne foi a garota nua enrolada em um tapete de pele em uma festa que acabou com uma operação da polícia na casa de Richards, aquela mulher sexy do filme *A Garota da Motocicleta,* ao lado de Alain Delon, e uma viciada sem endereço fixo por boa parte dos anos 1970. "Um roqueiro que se droga é legal, já uma mulher não presta." Definitivamente, valia muito despedaçar aquele santinho à moda da Swinging London, aquela garota de capa de revista do Soho, entre festas com brilho e viagens à Itália com a amiga Anita Pallenberg. Havia uma grande amizade entre Anita e Marianne, exaltada na música "Born to Live", uma declaração de amor assinada por uma mulher que atravessou a condenação e conseguiu voltar para contar.

A primeira vida de Marianne Faithfull começou quando Andrew Loog Oldham a viu em uma festa e fez dela um ornamento para os Stones: "Vi um anjo com peitos grandes e a fiz assinar um contrato". Não era segredo para ninguém que, como toda moda, também Marianne passaria, assim que saísse da juventude. Em vez disso, as coisas foram na direção contrária, porque foi só quando se libertou da juventude que ela fincou os pés no chão e ficou ali, sem que mais ninguém lhe sugerisse que vestido usar ou qual pose fazer.

Sua segunda vida começou no fim dos anos 1970: tinha um álbum inteiro para assinar naquele momento, um álbum pouco conciliador no qual raiva e desgosto eram destilados em algo muito menos otimista que o pop. *Broken English* é a revanche de uma mulher chutada pela indústria musical, da vida que a levou a ficar sozinha com sua dependência da heroína. Uma mulher que não dá desconto a ninguém e não tem mais medo de colocar na música toda a própria irritação, o desejo sexual e até o desprezo: "Foi a oportunidade de mostrar ao mundo quem eu realmente era. Eu queria gravar um disco dramático, que chegasse às pessoas como um soco no estômago". Dessa vez, os tempos estavam maduros, o niilismo do punk havia queimado as cortinas e liberado a cena para temas mais escabrosos. E também as mulheres podiam ser intérpretes. A autora Stacey D'Erasmo escreveu que "Faithfull dava a impressão de colocar o texto no cano e apertar o gatilho em vez de só cantá-los".

Marianne não queria mais saber de se dobrar ao que os outros queriam: "Quando entrei neste mundo, eu passava muito tempo sentada em algum lugar, empenhando-me em ser bonita. Aquilo era um jogo. E joguei por muito tempo". Trabalhou para proteger sua saúde e a primeira regra a seguir, nesse caso, era parar de fingir. Ruas vazias, chuva, sonhos arruinados, desespero, solidão: a cantora e compositora finalmente encontrou a voz dela. Exprimir-se em uma interpretação profunda. E alguém escreveu que o álbum *Strange Weather* é "música para cortar os pulsos". Ann Powers, uma das críticas musicais mais importantes e citadas dos últimos trinta anos, já em 1995 lembrava como Marianne havia conseguido "contornar a armadilha da cultura juvenil e, aos quarenta e sete anos, parecer ainda, apesar do passar dos anos, que tinha dezessete".

Hoje, Marianne Faithfull passou dos setenta e ainda não perdeu o vício de transmitir emoções, sem perder tempo com o passado. No documentário *Faithfull*, assinado pela atriz e diretora francesa Sandrine Bonnaire, é gravada trabalhando, no estúdio ou antes de uma apresentação: "Eu fingi a vida inteira. Antes de morrer, devo revelar-me ao mundo, mostrar quem eu sou. Não sou uma vítima, não sou uma garotinha estúpida. Sou Marianne Faithfull".

CHER

"Elusive Butterfly"

*You might have heard my footsteps
Echo softly in the distance through the canyons /
of your mind
I might have even called your name
As I ran searching after something to believe in*

em *The Sonny Side of Chér*, 1966

A partir da metade dos anos 1960, Sonny Bono começou a lançar discos assinando como Sonny & Cher, alternando-os com aqueles interpretados pela sua esposa e produzidos por ele, exercendo controle total, desde a escolha das músicas até os arranjos. O título do segundo álbum solo dela não deixava dúvidas: *The Sonny Side of Chér* contém faixas já conhecidas como "Like a Rolling Stone", "The Girl from Ipanema", "Milord", "Our Day Will Come". E uma música que, em retrospecto, parece lançar um desafio, "Elusive Butterfly", que Cher gravou enquanto olhava nos olhos do marido dela do outro lado do vidro: *Don't be concerned, it will not harm you / It's only me pursuing somethin' I'm not sure of*.

Em 1966, a cantora ainda era um instrumento nas mãos de um homem que tinha o poder de fazê-la acreditar que ela estava contando algo só graças a ele e à sua presença. Foram necessários anos até que Cher percebesse que era ela que o público realmente queria. Quando entendeu isso, Sonny tornou-se apenas um nome que os fãs da velha guarda têm dificuldade de lembrar.

No entanto, na época, o single que marcou a popularidade daquele álbum foi uma música escrita por Sonny, intitulada "Bang (My Baby Shot Me Down)". Além de ser um boom comercial, a faixa era muito revisitada; entre as mais famosas está a versão de Nancy Sinatra, que lançou seu segundo disco solo em concomitância com Cher. Porém, os pontos de contato entre as duas não terminam aqui. Ambas aos vinte anos interpretavam músicas escritas por homens e, antes que o sucesso delas chegasse ao grande público, casaram-se muito jovens. Nancy foi esposa do cantor pop Tommy Sands por cinco anos, mas, assim que o casamento se desmanchou, ela apostou tudo na carreira. O produtor Lee Hazelwood estava por perto e sentiu o cheiro do negócio: uma mulher com raiva, cujo sonho romântico havia escapado entre os dedos, pode ser a escolha vencedora. Assim, a filha de Frank se libertou ao mesmo tempo do ex-marido e da imagem de uma boa moça que os anos 1960 estavam destruindo rapidamente: *These boots are made for walking / And that's just what they'll do / One of these days these boots are gonna walk all over you*. Fora, inocência e saia rodada; sim à sensualidade, a uma pitada de arrogância e às calças justas. Pena que as novas cantoras como Dusty Springfield, Dionne Warwick, Petula Clark e Lulu se apoiassem ainda em círculos majoritariamente masculinos.

> ## Ainda não consigo pensar em mim mesma como adulta. Acho que sou uma adolescente velha.
> ### Cher

O percurso de Cher seguiu o mesmo binário: das primeiras gravações para Phil Spector àquelas para o marido Sonny, eram sempre os homens quem diziam quando ser provocante ou enfurecida. Depois, sua carreira decolou a partir da metade dos anos 1970, quando se separou de Sonny oficialmente. Programas de televisão, discos, filmes se alternavam na vida dela juntamente de escândalos, flertes e cirurgias estéticas que causavam tantas discussões. Enquanto os críticos a acusavam de ter se transformado completamente em outra pessoa, a artista se descobria cada vez mais próxima da imagem que tinha de si: "A verdade é que não percebi que tinha tido quarenta anos até quando fiz sessenta. Não sou burra, mas ainda não consigo pensar em mim mesma como adulta. Acho que sou uma adolescente velha".

Cher nunca sai de moda e é a única artista a se orgulhar da primeira posição no ranking Billboard em seis décadas diferentes. Vendeu mais de cem milhões de discos em todo o mundo e, além dos prêmios musicais, em 1988 ganhou o Oscar de melhor atriz por *Feitiço da Lua*.

Depois de mais de cinquenta anos de carreira, Cher não tem a intenção de ficar de lado: o tempo em que se torturava por amor está longe, agora os discos dela falam sobre empenho, emancipação, feminismo e vingança. "Gostaria de ter sido uma artista mais independente, em vez disso, mesmo na minha idade respeitável, fui obrigada a depender dos homens. Não sou uma compositora, preciso de autores, arranjadores, produtores, e quase sempre são homens. Mas sou uma mulher sortuda porque no que faço é a arte que garante a liberdade e a igualdade." Nesse sentido, a letra de "Strong Enough", segundo single tirado de *Believe*, é emblemática no percurso da cantora: *No matter what I hear you say / I'm strong enough to know you gotta go.*

Hoje, Cher pode exprimir livremente as próprias opiniões, protestando em rede contra a limitação dos políticos ou pelas ruas nas triunfantes Marchas das Mulheres. "Somos lentas, a raiva é reprimida. Muitos dos ideais pelos quais lutamos nos anos 1960 foram esmagados. E são sobretudo as mulheres que fazem as compras, ainda reféns dos namorados e maridos."

Famosa há mais de meio século, atravessou todas as fases de altos e baixos do sucesso, desde os vinte anos, quando não sabia se encontraria um lugar para passar a noite, aos trinta, quando pensava se conseguiria gravar outro disco e, aos quarenta, se faria mais um filme. Poucos conseguiram tantas coisas, e poucos fracassaram tanto como ela: "Os fracassos são necessários, as derrotas são reconsideradas. Quando você tem sucesso, raramente se faz perguntas, mas se fracassa, examina as razões, e é um processo que lhe permite crescer".

Cher aprova para todos a possibilidade de falhar, de ser outro, de poder se sentir bem no próprio corpo, apesar de quem tem outra consideração sobre suas ideias e seu trabalho: "Os cantores nunca me levaram a sério; os atores também não. Sempre me senti uma *outsider*, um híbrido, mas amo essa minha identidade tão fora do modelo. Enquanto você não estiver pronta para se sentir uma tola, nunca terá a possibilidade de ser grande".

NICO

"My Heart Is Empty"

*My heart is empty
But the songs I sing
Are filled with love for you*

em *Camera Obscura*, 1985

Nico nunca conheceu o amor, mas sempre desejou ter conhecido. Teve uma vida difícil, trabalhosa desde o começo. Christa Päffgen cresceu na Berlim ocidental do pós-guerra e morreu um ano antes da queda do muro: conheceu a pobreza, as bombas, a depressão e mesmo assim seu nome artístico evoca o glamour da moda, a Factory de Andy Warhol e a música do Velvet Underground.

Nos anos 1980, o ícone que conquistou milhares de fãs no mundo inteiro não existia mais. No seu lugar havia uma mulher que confiava à própria música a esperança de finalmente viver sintonizada com o presente. Uma mulher que parou de tingir o cabelo, de usar creme anti-idade e de não comer macarrão à noite. E se isso significava ser uma menina má, então, sim, Christa tinha orgulho de ser. "Eu não era feliz quando era bonita": lhe bastou uma brincadeira para romper com o passado.

Cantora, musicista, atriz, modelo, a musa conhecida por um tempo como Nico atravessou a passos largos os anos 1960 e 1970. Disse sobre si mesma: "Não tenho nenhum arrependimento, exceto ter nascido mulher em vez de homem". A mulher que fez Bob Dylan, Jimmy Page, Brian Jones, John Cale, Lou Reed, Jim Morrison perderem a cabeça, olhando para trás, entende que o único modo de ser aceita totalmente pelo mundo em que desfilou seria ter nascido homem. E tem razão. O nome de Nico será ligado para sempre ao disco com a banana de Andy Warhol na capa, que saiu com o nome Velvet Underground & Nico. Mas ela não fazia parte da banda, era uma espécie de acessório: primeiro, amada e, depois, odiada por cada membro. Ela cantava, falava bem cinco línguas, após um tempo começou a escrever as letras dos seus discos, mas era considerada um dos caprichos de Andy, o artista egocêntrico que amava puxar o fio de seu *entourage* antes que se espalhassem ou se tornassem muito lentos para poder controlar.

Quando chegou em Nova York na segunda metade dos anos 1960, Nico já havia aprendido a se virar nas agências de Berlim, nas passarelas de Paris, nos sets italianos de diretores como Alberto Lattuada e Federico Fellini, no começo da Swinging London. É claro que, quando começou a frequentar aquele cruzamento de arte e sedução que é a Factory, o fez com a consciência de quem sempre soube estar no lugar certo, na hora certa. Warhol ficou encantado com Nico, e a intuição de integrá-la no Velvet venceu, mas o resto do grupo pensava diferente: "Andy nos deixou ser o Velvet, mas queria que aceitássemos Nico e foi muito difícil digerir. Antes que ela chegasse, quase não havia motivos para brigas, não podíamos brigar por dinheiro, já que não tínhamos".

> **Não tenho nenhum arrependimento, exceto ter nascido mulher em vez de homem.**
>
> Nico

A carreira de Nico é solista sem igual. A atmosfera gótica e decadente de suas músicas unida ao timbre profundo da voz deram-lhe o título de "sacerdotisa das trevas". Porém, as novidades, principalmente no começo, dão medo, portanto esperou um homem sancionar aquela música, Jackson Browne: "Suas performances eram experiências inesquecíveis; seu modo de cantar e de tocar o velho órgão indiano era de uma intensidade mística".

Na força centrífuga que impulsionava Nico a fazer da própria existência uma obra de arte sem compromissos, estavam as dependências que condicionaram toda a sua vida. Além das substâncias, entrava em relacionamentos com uma necessidade de afeto que nunca era o suficiente, talvez porque nunca fosse o certo.

Nico não tinha sorte no amor porque seus relacionamentos duravam o tempo de um suspiro, e era sortuda porque todos caíam aos seus pés. A começar por um dos sex symbols mais populares do cinema francês: Alain Delon, em 1961, ficou deslumbrado; o caso entre os dois levou ao nascimento de um filho, mas o ator desapareceu assim que soube que seria pai. Brian Jones, o lendário guitarrista dos Rolling Stones que se afogou em uma piscina aos vinte e sete anos, se esforçou muito para ficar na superfície em sua vida para começar um vínculo duradouro. Quanto a Bob Dylan, sabe-se que seus relacionamentos no início da carreira duravam o tempo de uma música: "I'll Keep It With Mine" é inspirada em uma mulher que precisa ser salva. Porém, Nico não precisa ser salva de ninguém, a não ser dela mesma.

Na verdade, Dylan fez algo a mais antes de deixá-la: sugeriu à ex que não existem só músicas tórridas de amor lá fora, que seu campo é mais amplo, que só precisa acreditar e experimentar. É mais ou menos a mesma lição que lhe deu o líder do The Doors: "Foi Jim Morrison que me ensinou a escrever músicas. Antes, não pensava que eu fosse realmente capaz, porque quando você vem do mundo da moda, é inconstante e falta a técnica".

Nos anos 1980, Nico abriu caminho a diversas colegas do rock gótico, influenciou a música moderna, suas apresentações ao vivo se tornaram um réquiem para os amigos falecidos. Não tinha mais nada de bonito e brilhante, mesmo assim, foi justamente esse o período escolhido pela diretora italiana para nos dar uma recordação da artista alemã: em 2017, Susanna Nicchiarelli assinou *Nico, 1988*, um filme duro, necessário, autêntico. A autora não deu desconto para a protagonista: Nico é antipática, resistente, mas não se pode fazer outra coisa senão amar uma personagem tão ardente, pela primeira vez despida de todas as suas lantejoulas.

Quando, no fim dos anos 1980, Christa tentou se desintoxicar, uma queda de bicicleta foi fatal: no dia 18 de julho de 1988, em Ibiza, junto do filho, com quem estava tentando reconstruir um relacionamento. Não havia outros homens, escolheu se libertar deles juntamente com a dependência da heroína. Porém, coube ao destino a última palavra, aquele destino que até um momento antes parecia sempre oferecer uma segunda chance.

BJÖRK

"Tabula Rasa"

*Break the chain of the fuckups of the fathers
It is time
For us women to rise and not just take it lying down
It is time
The world is listening*

em *Utopia*, 2017

O índice de paridade de gênero na Islândia é de 87,4%, mas é naqueles 12,6% que se concentram as mulheres islandesas para atingir a igualdade sancionada na constituição. É naqueles 12,6% que mira o chamado coletivo Reykjavíkurdætur, as filhas de Reykjavík, que não se sentem dignamente representadas pela sociedade. Um grupo feminino que escolheu a música e o rap para jogar contra o machismo. Com suas canções feministas, transgridem, provocam e insultam a própria bandeira e criaram um antes e depois com relação a uma realidade que não existia. É fantasioso pensar que haja alguém que ouse convidar as filhas de Reykjavík a voltar aos fogões, mesmo assim, com uma diferença sideral, comparado às suas colegas russas Pussy Riot, parece que elas são necessárias também na Islândia civilizada de Birgitta Jónsdóttir. Justamente como trinta anos antes, uma jovem procurava abrir caminhos com um grupo punk só de mulheres e depois com o Kukl, que em islandês significa "bruxaria": duas pedras muito importantes na formação de Björk, que mais tarde atingiu objetivos inexplorados por muitas mulheres de sua geração.

Björk é autora, intérprete, atriz, ativista. Aos vinte anos tornou-se mãe sem que isso conseguisse distraí-la da música. Uma carreira que não conhece pausas, uma busca contínua que não se esgota nos primeiros lugares do ranking, mas que, justamente em virtude da popularidade atingida, tenta oferecer sempre algo novo. Por trás das plumas, das máscaras, dos vestidos em forma de cisne, há uma artista única, uma mulher que quer constantemente chamar a atenção do público. A mesma graça é concedida a poucos. Raras são as pessoas que conservam o amor incondicional dos fãs quando o novo disco se destaca totalmente do anterior.

O percurso de Björk não teve nenhuma quebra até 2015, quando ela mesma anunciou pela sua página do Facebook o cancelamento da turnê de *Vulnicura*: "Cantar este álbum foi intenso, ele viveu do modo dele e agora chegou ao fim de um jeito que fugiu à minha vontade. Espero que, no decorrer dos anos, tenha ganhado na turnê pontos de carma o suficiente para ter hoje o apoio de vocês. Comecei a escrever músicas novas e acho que a forma mais natural é deixar que essa besta continue seu percurso recomeçando do zero". A besta à qual Björk se refere é um mal-estar que não a abandona: o fim do relacionamento com o artista Matthew Barney.

Graças à tecnologia, crio de maneira autônoma noventa por cento da minha música.

Björk

Criatividade e cotidiano se fundem na vida desse casal, ambos traziam inspiração de seu casamento para criar arte. Uma fusão exaltada na obra *Drawing Restraint 9*, um filme de Barney interpretado e sonorizado pela cantora islandesa. Os hemisférios respectivos são tão íntimos e contagiantes, que, quando chega o momento de se separar, o exorcismo parece ser o único ato possível.

Em *Vulnicura*, Björk funde completamente a si mesma e talvez um pouco mais. Cada faixa do álbum descreve um período preciso de seu vínculo com Barney. As primeiras três músicas contam o estado de ânimo da autora respectivamente nove, cinco e três meses antes do rompimento. As três seguintes são um reflexo das emoções experimentadas dois, seis e onze meses depois. As últimas três refletem sobre os mesmos temas e colocam uma perspectiva universal. Para Björk, o disco "conta o que poderia acontecer com uma pessoa no fim de um relacionamento.

Fala-se dos diálogos que podemos ter na cabeça e no coração e dos processos de cura". *Vulnicura* significa justamente "cura das feridas".

Depois de mais ou menos um ano, Björk reapareceu com uma ideia que lhe permitiu se desligar das emoções que a faziam sofrer sem renunciar às suas músicas: transformou *Vulnicura* em um show multimídia que foi apresentado por aproximadamente dois meses em Londres, enquanto ela ficou na Islândia. Na apresentação do projeto *Björk Digital*, foi o avatar dela que falou: uma criatura parecida com a cantora reproduziu seus movimentos por meio da técnica de captura de movimento. "Acho que ajuda a receber melhor a história que eu quis contar: escutando o disco, o que se ouve sou eu me lamentando e os instrumentos são sempre os mesmos. Diretores diversos, com pontos de vistas e tecnologias diversas, é o que é necessário para *Vulnicura*. Além disso, graças à tecnologia, crio de maneira autônoma noventa por cento da minha música."

Björk conseguiu de novo, ensinou a todas as mulheres como se sair com elegância, colocando a experiência a serviço do próximo e dando passos gigantes na sua busca pessoal. Na véspera do lançamento do seu novo trabalho *Utopia*, conseguiu até mesmo minimizar: "O último álbum podia ser definido de alguma maneira como 'inferno'. Foi como se divorciar. Então, agora, estamos criando o paraíso. A utopia".

Quando *Utopia* foi lançado no fim de 2017, parecia um manifesto criativo: a artista islandesa reuniu as ideias e pediu aos fãs que tentassem imaginar o mesmo sonho. Fez isso por meio de faixas como "Future Forever", uma exortação a apagar o passado e olhar para a frente; fez isso sobretudo com "Tabula Rasa", um hino feminista em que convida as mulheres a quebrar as correntes do patriarcado, o único modo de deixar um mundo melhor para as gerações futuras. "As mudanças estão no ar, estamos caminhando dentro delas. Mesmo que eu tenha sido corajosa o suficiente para compartilhar um clássico tema feminino, meu coração despedaçado, desejo poder variar o costume e sair desse papel. O direito de ser inconstante por todas as mulheres lá fora já faz parte da mudança."

A partir de 1º de janeiro de 2019, na Islândia, tornou-se ilegal que uma mulher, com experiência e cargo similares, receba um salário inferior ao de um homem.

SIOUXSIE

"Into a Swan"

I feel a force I've never felt before
I don't want to fight it anymore
Feelings so strong can't be ignored
I burst out, I'm transformed

em *Mantaray*, 2007

Em 1999, Siouxsie Sioux e Budgie, companheiros de vida e de banda, lançaram *Anima Animus*, o primeiro trabalho assinado como Creatures, depois da separação dos Banshees. "Musicalmente nos sentimos como quem se livra de uma mala grande", declarou Siouxsie, no lançamento do álbum. Oito anos mais tarde, o sentimento que acompanhou o primeiro disco solo dela, *Mantaray*, era o mesmo. No primeiro single, em particular, há uma música com todo o sabor do renascimento: *I feel a force I've never felt before / I don't want to fight it anymore / Feelings so strong can't be ignored / I burst out, I'm transformed*. A cantora e compositora britânica teve diversas vidas: saiu de dois grupos, depois se apresentou no palco vestida só de suas músicas e se tornou simplesmente Siouxsie. A contribuição dela na música foi fundamental porque forneceu a todas as artistas que vieram depois uma coisa que os homens já tinham como presumido: uma herança.

Antes do punk, o rock inglês não conhecia as mulheres. No tempo da contracultura, para as garotas, a única possibilidade era o folk, em que se sobressaíam artistas como Sandy Denny, Linda Thompson e Maddy Prior. Tratava-se de um gênero que oferecia um espectro muito limitado de papéis, "daquele de mística da mãe Terra àquele de vítima com uma saia longa, sentada em um banco na cozinha, que canta acompanhada por um violão rigorosamente não elétrico", conta uma das mais sagazes jornalistas inglesas do período, Julie Burchill, crítica muito jovem do semanal *New Musical Express*.

SIOUXSIE   101

Com uma potente mudança de rota, o punk escancarou as portas também para as mulheres: "Estávamos curiosas para ver se poderíamos criar um novo som, considerando o fato de sermos mulheres e tudo o mais". Segundo a jornalista e musicista Vivien Goldman, as garotas não tinham dúvidas sobre as próprias capacidades, pelo contrário, levaram ao pé da letra o valor fundante do punk: todos podem fazê-lo.

"Poucas no punk se definiam explicitamente feministas, mas acreditavam na liberdade, em fazer tudo aquilo que um homem pode fazer. Porém isso não significa que o punk tenha sido sempre um lugar hospitaleiro." A jornalista Joy Press lembra que tantas bandas-símbolo como Sex Pistols e Clash eram machistas, apesar de Siouxsie gravitar na órbita dos Pistols e Chrissie Hynde, na de Mick Jones. Ambas as formações ignoravam as mulheres, os Sex Pistols, provocados pelo empresário Malcom McLaren, as destruíam com alguma piada sexista. Press conta ainda que "quando ofereceram gravar um filme a McLaren com o grupo todo feminino das Slits, fez com que fossem interpretadas por quatro garotas que acreditavam em toda a fabulosa aventura de ser um grupo de rock para depois terminarem como strippers de um lado ao outro do México".

Eu queria que acontecesse algo apocalíptico.
Siouxsie

Então, a maior parte das mulheres escolheu montar a própria banda em vez de fazer parte daquelas dos homens. Por lá estavam Poly Styrene e Lora Logic, do X-Ray Spex; Slits; Gaye Advert, do Adverts; Pauline Murray, do Penetration; Eve Libertine e Joy De Vivre, do Crass; Vi Subversa, do Poison Girls; Una Baines, do Fall; Raincoats; Cosey Fanni Tutti, do Throbbing Gristle; Lesley Woods e Jane Munro, do Au Pairs; Bethan Peters, Julie Julz Sale e Ros Allen, do Delta 5; e Mo-dettes, todos grupos que vale a pena escutar de novo.

Susan Ballion/Siouxsie aderiu à revolução partindo da aparência. Começou a aparecer nos locais de Londres devido ao look fetiche *bondage*, já no auge nas vitrines de Sex – a loja de roupas de Vivienne Westwood e Malcom McLaren –, e mais tarde a marca do estilo punk.

Em 1976, se apresentou no palco do Festival Punk Rock. Era o começo do Banshees, um grupo no qual também militava Sid Vicious. Mas foi ela quem chamou a atenção: livre e provocante, apenas com dezenove anos ficou diante de um público composto majoritariamente de homens chatos e bêbados. "Eu queria que acontecesse algo apocalíptico, fomos perversos e do contra de propósito." Viv Albertine, do Slits, relembra assim o concerto: "Siouxsie apareceu verdadeira, absolutamente segura de si, e me deixou sem fôlego. Estava fazendo uma coisa que eu só ousava sonhar, mas ela foi lá e fez. Ela acabou com o resto do festival, não me lembro de mais nada, só daquela apresentação". Nasceram os Banshees.

Enquanto a maior parte dos grupos cantava sobre insatisfação social, Siouxsie se sentia livre para testar letras cheias de humor ácido, mistério, tons macabros, uma corrente que teria reunido Banshees, Cure, Bauhaus sob a bandeira do rock gótico. "Siouxsie levou ao rock'n'roll a figura da bruxa, com todo o seu poder e sua majestade pagã. Sua imagem agourenta fez dela um ícone autêntico." Joy Press, que no começo dos anos 1980 era uma garotinha como Susan, lembra: "De pé, no meio do som de guitarra granulado e temperamental dos Banshees, Siouxsie estabeleceu o ritmo para as mulheres do punk, abrindo o caminho a elas para gritar, berrar, como... bruxas".

São muitos os artistas que se lembram dela como uma grande fonte de inspiração. Para PJ Harvey "é difícil ganhar dela na apresentação ao vivo. É tão excitante de assistir, tão cheia de energia e qualidade humana não refinada". Sinéad O'Connor declarou à *Rolling Stone* que a Siouxsie do começo era uma das suas cantoras preferidas. Para Shirley Manson era tudo aquilo que tinha desejado ser na adolescência. Beth Ditto a citou como influência para o álbum *Music for Men*, enquanto o nome de Siouxsie aparece também na autobiografia de Tracey Thorn, no capítulo "Heroína". Em 2006, a diretora americana Sofia Coppola colocou o single de estreia dos Banshees, "Hong Kong Garden", com uma introdução orquestral inédita, em uma cena de dança livre de *Maria Antonieta*.

Punk's not dead!

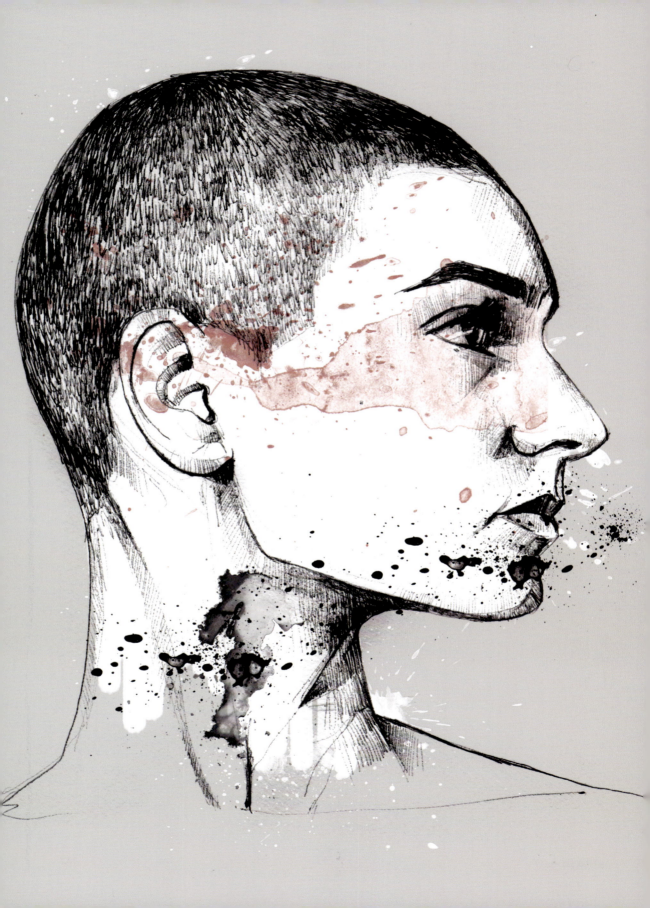

SINÉAD O'CONNOR

"Mandinka"

I don't know no shame
I feel no pain
I can't see the flame
But I do know Man-din-ka
I do know Man-din-ka
I do know Man-din-ka
I do

em *The Lion and the Cobra*, 1987

No dia 22 de fevereiro de 1989, no Shrine Auditorium de Los Angeles, ocorreu a cerimônia anual de entrega do Grammy Awards. Para a categoria Melhor Performance Vocal Feminina de Rock, as candidatas eram Tina Turner, Pat Benatar, Toni Childs, Melissa Etheridge e Sinéad O'Connor. O ator Billy Cristal apresentou a jovem cantora irlandesa descrevendo-a como "um talento fora do comum". Sinéad tinha vinte e dois anos, um único álbum lançado e uma vontade de conquistar o mundo que jorrava em todas as apresentações ao vivo, e essa não foi uma exceção.

Eu tinha esquecido essa apresentação de "Mandinka", o primeiro single tirado do seu álbum de estreia *The Lion and the Cobra*, até que, em 2017, outra cantora e compositora, Fiona Apple, postou no You-

Tube um vídeo no qual revê justamente aquela live para depois dirigir a Sinéad uma mensagem de admiração, amor e esperança: "Só quero lhe dizer que sou sua amiga. E você é minha heroína". Era verão e Sinéad tinha acabado de postar nas redes uma mensagem preocupante, a enésima tentativa desesperada de comunicar ao mundo como se sentia. Um pedido de ajuda que tocou o coração de milhares de fãs, mas a mensagem de Fiona foi a mais comovente, porque ela sabia exatamente como se sentia sua heroína.

Apenas um ano antes, a jornalista americana Sady Doyle havia publicado um ensaio que procurava dar uma luz aos problemas de Fiona, Sinéad e outras artistas: *Trainwreck*, literalmente "desastre ferroviário", um termo muitas vezes utilizado para definir as vítimas, mulheres, de um curto-circuito psicofísico. Billie Holiday, Whitney Houston, Amy Winehouse, Courtney Love, Sinéad O'Connor, Fiona Apple: aquelas que ainda podem nos contar sua experiência são consideradas "garotas interrompidas", como se a doença e o transtorno fossem estigmas dos quais não é possível se libertar. Sinéad tentou, confiando nas propriedades salvadoras do amor, mas não funcionou. Também provou com a fé, mas não foi o suficiente.

> ## Não me arrependo de nada. Tenho orgulho de mim mesma.
> ### Sinéad O'Connor

Segundo a *Slant Magazine*, *The Lion and the Cobra* é um dos álbuns de estreia mais eletrizantes da história do rock. Desde a capa nos faz refletir: Sinéad com a cabeça raspada em primeiro plano enquanto grita era uma oposição às imagens femininas hipersexualizadas de sempre. Uma fotografia agressiva, tanto que, nos mercados norte-americano e canadense, o álbum saiu com uma arte mais leve, na qual Sinéad está com a cabeça reclinada para a frente e com o olhar baixo: de um comportamento desafiador a um de submissão.

Tudo aconteceu muito rapidamente na vida dessa garota e seu talento explodiu com o segundo trabalho, *I Do Not Want What I Haven't Got* de 1990, que inclui "Nothing Compares 2 U", uma faixa escrita por Prince que entrou para a história com a interpretação de Sinéad. Graças também ao hipnótico clipe, a música se tornou desde cedo o testamento de uma artista lembrada sobretudo por esse sucesso e por um gesto que não tem nada a ver com a música.

Em 3 de outubro de 1992, durante uma aparição no *Saturday Night Live* para a promoção de seu álbum de jazz standards, Sinéad escolheu cantar "War", uma música de Bob Marley que ela interpretou como uma forma de protesto contra a pedofilia na igreja católica. Durante a apresentação, pegou uma foto do papa João Paulo II e rasgou na frente da câmera. A partir desse momento, a vida de Sinéad não foi mais a mesma. Mesmo que muitos anos depois João Paulo II mesmo tenha admitido a existência de abusos, com o gesto dela, Sinéad havia se exposto muito, a ponto de ser vista somente como uma louca. "A única razão pela qual sempre abri a boca para cantar foi para contar a minha história e fazer com que fosse ouvida. Não me arrependo de nada. Tenho orgulho de mim mesma."

Todos amavam a voz de Sinéad, muitos apreciavam seu look andrógeno, poucos abraçavam seus pensamentos, sempre mais radical com o passar dos anos. Ela era a primeira a admitir ter falhado, porém, mais de uma vez no decorrer dos anos, continuou naquele caminho sem nunca se arrepender. No fim da década de 1990, a jornalista americana Ann Powers identificou plenamente o ponto: "Ao contrário de outras garotas más do rock'n'roll, ela nunca foi descolada nem divertida. Falar sobre Sinéad e ser seu fã virou uma coisa desconfortável".

No começo da carreira, Sinéad foi comparada a Tracy Chapman, Susanne Vega, Kate Bush com uma atitude punk a mais, uma mistura de raiva e agressividade que sobretudo a crítica esperava continuar ouvindo nos discos dela. Por outro lado, sua música mostrou-se muito mais difícil de ser classificada. "Nothing Compares 2 U" fez de Sinéad uma superstar, mas ela também cantou sobre desejo, sexo e maternidade antes que esses temas se tornassem populares entre as estrelas da internet e os influenciadores.

Por mais de uma década, Sinéad foi indefensável, misturou batalhas públicas e problemas pessoais, as posições dela eram tão polarizadas, que ficava impossível enquadrá-la, nem mártir nem garota má. Suas declarações nada diplomáticas causavam tanto rumor, que cobriam o som das músicas dela. Ann Powers, no fim dos anos 1990, levantou uma pergunta: se tivesse sido Iggy Pop rasgando a foto do papa, as reações teriam sido as mesmas? "Sinéad O'Connor era transgressora, mas não da forma que os roqueiros gostam que as mulheres sejam. O fato de ser embaraçoso, enquanto outras artistas também corajosas eram louvadas por sua audácia, significa que as mulheres ainda devem se submeter a algumas leis não escritas do mundo do rock: pode pecar, mas é melhor que se trate só de pecados de luxúria."

Para resolver de uma vez por todas o caso de Sinéad, há um diagnóstico médico: a cantora sofria de distúrbio bipolar. Finalmente encontrou-se um rótulo também para Sinéad O'Connor.

THE SLITS

"Typical Girls"

Typical girls stand by their man
Typical girls are really swell
Typical girls learn how to act shocked
Typical girls don't rebel
Who invented the typical girl?

em *Cut*, 1979

Quem disse que só os homens podem pegar um instrumento e gritar em um microfone o que pensam? Que as mulheres só podem dançar na plateia enquanto os namorados delas fazem o papel de estrelas? Viv Albertine, em 1976, declarou à revista *Sound*: "Todos os garotos ao meu redor estavam formando bandas e tinham os heróis deles em quem se inspirar, enquanto eu não tinha ninguém. Mais tarde, de repente me veio à mente que eu não precisava ter um herói. Eu podia pegar uma guitarra e tocar, simples assim".

Era 1979 e tinha chegado ao mercado o primeiro e revolucionário álbum das Slits. A banda havia se tornado conhecida três anos antes, uma formação só de mulheres e em que se alternavam alguns homens, mas eram as mulheres que escolhiam os componentes e quem devia aparecer na capa dos discos. Na de *Cut*, Ari Up, Viv Albertine e Tessa Pollitt, respectivamente vocalista, guitarrista e baixista, aparecem com os seios nus e cobertas de lama: "Queríamos uma posição de guerreiras, queríamos ser uma tribo. Sabíamos que, a partir do momento que não estivéssemos usando vestidos, era necessário parecer agressivas e duras. Não queríamos estimular o olhar dos homens".

As Slits fizeram turnês com Clash, Buzzcocks, Subway Sect, ninguém mistura world music e reggae com a insolência do punk como elas. Mas quando chegou a hora de gravar o primeiro álbum, perceberam que não tinham experiência em estúdio. Viv Albertine conta em *Clothes, Clothes, Clothes, Music, Music, Music, Boys, Boys*: "Muitas vezes eu ia para a cama aos prantos, perguntando-me qual humilhação me esperava no dia seguinte, quais fraquezas emergiriam do meu modo de tocar. No fim, eu estava tão furiosa, que agredi a guitarra e finalmente saiu um som: foi fantástico!".

Eu não precisava ter um herói. Eu podia pegar uma guitarra e tocar, simples assim.

Viv Albertine

Cut, um mix perfeito de punk, dub e reggae, segue as notas do single "Typical Girl", uma música-manifesto para muitas outras bandas femininas. Para a jornalista Jenn Pelly, "'Typical Girl' se enrolava e desenrolava tantas vezes, que a música inteira parecia girar em círculos. Protestava contra os estereótipos femininos com pura magia. A pergunta mais urgente estava justamente no coração da música: *Who invented the typical girl?*".

As Slits eram divertidas, irreverentes, apesar de rejeitarem o rótulo de feministas e não estarem no topo da lista dos grupos punk que agitavam a cena (mesmo discurso para outras bandas do período, como X-Ray Spex e The Raincoats). A jornalista Vivien Goldman tem uma ideia precisa sobre os motivos dessa exclusão: "Quando emergiu na América o movimento riot grrrl nos anos 1990, as mulheres envolvidas praticamente ignoravam que as irmãs delas do Reino Unido já estavam combatendo as mesmas batalhas havia vinte anos. Mas as norte-americanas estavam muito mais organizadas e mais bem financiadas que nós. É claro que precisou de um tempo antes que Kurt Cobain apoiasse as Raincoats e o Sonic Youth, as Slits".

Apesar de, no fim dos anos 1970, as Slits estarem perfeitamente integradas no cenário, como conta também Don Letts em seu documentário *The Punk Rock Movie*, para Viv Albertine, o ostracismo em comparação com a formação é palpável: "Ser inescrupulosas, não seguir as regras, tinha um custo". Ari Up foi agredida duas vezes na rua, e no palco era impossível terminar uma apresentação sem que algum homem se sentisse autorizado a usar a violência verbal.

Quinze anos mais tarde, uma banda norte-americana só de mulheres reagiu a esse tipo de comportamento: Inglaterra, festival de Reading, 1992. Em cartaz, para o grande final, se destacavam os nomes de Melvins, Screaming Trees, Pavement, Teenage Fanclub, Mudhoney, Nick Cave e Nirvana. Naquele ano, as L7 também foram inseridas no lineup do último dia. No palco, as mulheres atrasaram o início do set por dificuldades técnicas, o público perdeu a paciência e começou a jogar lama no grupo. Donita Sparks, em resposta, fez a única coisa que poderia incomodar ainda mais os homens presentes: tirou o absorvente interno e jogou na multidão. A partir daquele momento, a vida das L7 e de Donita seria influenciada por aquele episódio. "Por um tempo pensei: por que fiz isso? Mas agora estou feliz, porque as jovens feministas parecem ter apreciado de verdade. Espero que tenha sido um gesto de inspiração para as mulheres."

Se nos anos 1970 o mundo ainda não estava pronto para as loucas do punk no palco, na década de 1990 ainda não estava pronto para as loucas do punk no palco menstruadas. E hoje? Em 2015, a poetisa e ilustradora canadense de origem indiana Rupi Kaur publicou, no Instagram *Period*, uma série de fotos mostrando-a durante o ciclo: "Sangro todos os meses para ajudar a fazer da humanidade uma possibilidade. Meu ventre é fonte de vida, escolhendo procriar ou não, mas pouquíssimas vezes é visto dessa maneira. Algumas pessoas se sentem mais à vontade diante de imagens de pornografia, sensualização, violência e degradação da mulher que diante disso". O Instagram removeu o conteúdo duas vezes. Rupi acertou: a menstruação ainda é um tabu.

Em 2019, *Absorvendo o Tabu* ganhou o Oscar de melhor documentário em curta-metragem, mostrando mulheres trabalhadoras que produzem absorventes em um vilarejo da Índia. O ciclo menstrual invadiu a nonagésima primeira edição do Oscar e quebrou outro tabu. Para a diretora Rayka Zehtabchi, "a menstruação não deveria decretar o fim da escola para as meninas. Essas mulheres estão ajudando todas as mulheres do mundo a lutar pela igualdade menstrual". O longo caminho das mulheres do rock passa também por aqui.

THE SLITS

MADONNA

"Express Yourself"

*You don't need diamond rings
Or eighteen karat gold
Fancy cars that go very fast
You know they never last, no, no*

em *Like a Prayer*, 1989

Era 1989 e Madonna convidava as mulheres a não se acorrentarem ao primeiro homem que aparece e a não se deixarem encantar por presentes caros, joias e carros luxuosos. Apenas quatro anos antes, o público havia visto a estrela rodeada por homens e futilidades no clipe de "Material Girl". Apesar de se tratar de uma homenagem irônica a Marilyn, que cantou "Diamonds Are a Girl's Best Friend" no filme *Os Homens Preferem as Loiras*, Madonna gosta de dar as cartas: "Sinto uma atração por pessoas ambiciosas, como a descrita na música. Você é atraída por homens que possuem bens materiais porque pagam o aluguel e compram casacos de pele para você. Isso dá segurança e dura mais que os sentimentos".

Passaria um tempo antes que o pensamento-Madonna tomasse uma posição clara: se "Express Yourself" é considerado um hino feminista, que incita as mulheres a escolher somente o melhor para si mesmas e não se contentar em ser a segunda opção, em "Jump", Madonna se liberta definitivamente dos homens: *I'm going down my own road and I can make it alone / I'll work and I'll fight till I find a place of my own*.

Próxima das sessenta primaveras, em 2016 a senhora Ciccone ainda tinha muito a acrescentar ao capítulo do feminismo. Coroada como a mulher do ano na décima edição do Billboard Women in Music, seu discurso de agradecimento deixou o público sem palavras, uma denúncia com pleno controle de si mesma sobre uma situação que continua há tempos na indústria musical e fora: "Era 1979 e Nova York era um lugar que dava medo. Durante meu primeiro ano fui ameaçada com uma arma, fui violentada sobre um teto enquanto tinha uma faca no pescoço e os ladrões entravam tão frequentemente no meu apartamento, que a certo ponto eu sequer trancava a porta. Na vida, não há nada realmente seguro, a não ser a confiança em si mesma". Continuou recordando o quanto artistas como Debbie Harry, Chrissie Hynde e Aretha Franklin a inspiravam. No entanto, foi David Bowie que a fez entender quanto as coisas poderiam ser diferentes: "David Bowie encarnava o espírito masculino e feminino e me induziu a pensar que não havia regras. Mas eu estava errada: não há regras se você for um homem. Se for uma mulher, é permitido que você seja meiga e sexy, mas não pode parecer muito inteligente. É permitido que você seja tratada como um objeto pelos homens e que se vista como uma vadia, contudo, não pode reivindicar sua vadiagem. E nunca, repito, nunca pode compartilhar as próprias fantasias sexuais com o mundo". Na época de *Erotica*, recebia críticas todos os dias, porém no mesmo período havia muitos músicos exibindo sua sexualidade como marca de fábrica, principalmente Prince. Mas Prince era um homem.

Na vida, não há nada realmente seguro, a não ser a confiança em si mesma.
Madonna

A batalha de Madonna ainda não acabou, nem mesmo em 2016. Na última parte da sua carreira, voltou ao olho do furacão por causa do seu comportamento excessivamente libertino para uma mulher da sua idade: "Não fiquem velhas. Porque envelhecer é um pecado. Serão criticadas e difamadas, e tenham certeza de que não serão mais tocadas na rádio". Eram os anos dez do novo milênio e Madonna usava as redes sociais assim como sempre havia aproveitado todos os meios de comunicação; porém, ao seu redor, o debate continuava: é certo uma mulher da idade dela se comportar ainda como uma garotinha? E o bom senso? Para a cantora a hora havia passado, era tempo de usar vestidos sem decote e saias abaixo dos joelhos.

Parece que as rugas têm o poder de fazer as mulheres desaparecerem, uma dobra de cada vez, assim como conta Akiko Busch no ensaio "How to Disappear": "A mulher invisível é a atriz que não recebe mais ofertas de papéis depois do seu quadragésimo aniversário, a mulher de cinquenta que não consegue uma entrevista de trabalho ou a viúva que vê seus convites para jantar serem rejeitados depois da morte do marido. É a mulher que descobre que não é mais objeto do olhar masculino".

Madonna esteve e ainda está um passo adiante e demonstrou também em 2012, quando, a um ano do lançamento do single "Born This Way", de Lady Gaga – uma música que parecia muito com "Express Yourself" –, agradeceu os fãs da cantora pela inesperada popularidade atingida pelo seu velho hit novamente no ranking: "É um modo maravilhoso de refazer minha música".

Já em 1991, o jornalista do *Daily News* Jim Farber tinha ideias claras sobre a contribuição da artista de Detroit para a indústria musical: "Algumas vezes, acordo de manhã e penso quanto todos nós somos sortudos por viver no mesmo mundo em que vive Madonna. Não estou sendo irônico". Mim Udovich, que escrevia para a *Rolling Stone,* a *Village Voice* e a *New York Magazine*, tinha a mesma opinião: "Gostaria de agradecer a Madonna por ter tornado impossível imaginar o mundo sem ela e depois dela. Goste ou não, me parece evidente que tenha dado uma grande contribuição ao imaginário coletivo".

Ambiciosa, inteligente, independente, orgulhosa, é difícil pensar em outra artista que antes dela tenha conseguido veicular a própria imagem de modo tal. Quem chegou depois pôde apenas aprender com quem sempre colocou a carreira e a disciplina no centro de tudo.

Hoje, Madonna está mais viva do que nunca e pronta a apoiar a causa feminista: "Como mulheres, devemos começar a apreciar nosso valor e o valor das outras. Procurem exemplos de mulheres fortes e façam amizade com elas, aprendam com elas, colaborem com elas, se inspirem nelas, apoiem-nas. Obrigada por terem reconhecido a minha habilidade de administrar uma carreira mesmo após anos, considerando o machismo óbvio, a misoginia, o constante *bullying* e os abusos implacáveis". Não, Madonna, obrigada a você.

MADONNA

CYNDI LAUPER

"Girls Just Want to Have Fun"

I come home in the morning light
My mother says when you gonna live your life right
Oh mother dear we're not the fortunate ones
And girls they wanna have fun

em *She's So Unusual*, 1983

Quando, em 1983, Cyndi Lauper se viu pela primeira vez em um estúdio de gravação para escolher as músicas de seu álbum de estreia, os produtores lhe sugeriram também uma faixa assinada pelo cantor e compositor americano Robert Hazard, que fala sobre quanto um homem se sente sortudo quando encontra mulheres que têm vontade de se divertir. Nas mãos de Cyndi – que nunca seria creditada como coautora –, a música explodiu, até perder completamente o significado original. "Eu me disse: vá para o inferno, vou fazer disso um hino para as mulheres! Talvez seja algo que nos ajudará a acordar. As garotas não querem só se divertir, mas querem também viver as mesmas experiências que um homem pode viver."

Composta ao redor de um riff de sintetizador, instrumento-símbolo dos anos 1980, o single foi precursor do disco acompanhado por um videoclipe que se tornou icônico pelo menos como música. Quatro minutos de cor, diversão, sororidade feminina fazem de "Girls Just Want to Have Fun" uma celebração para as mulheres de todas as classes sociais. "Eu queria estender a mensagem a todas as mulheres do mundo para que todas se sentissem representadas, independentemente da aparência, condição, etnia." Cyndi Lauper acertou de primeira: o clipe se tornou um cult, o single chegou aos primeiros lugares do ranking em mais de vinte e cinco países e entrou para a história como o primeiro manifesto feminino no pop. Um texto leve e simples que, porém, grita verdades e liberta as mulheres, adolescentes ou mais adultas, de um estereótipo do gênero. E com uma dança irresistível.

Cyndi Lauper se apresentou no negócio da música com uma abordagem nova, *naïf*, animada e, mesmo assim, estruturada. Ela é diferente também graças ao seu estilo de roupa, que favorece o vintage e o usado, que se torna obrigatório entre os mais jovens antes da renda e das grandes assinaturas de Madonna. Além disso, a capa do álbum *She's So Unusual* era uma representação do novo imaginário que a cantora estava levando à ribalta, retratada em uma de suas típicas poses tortas, descalça, vestida como cigana e com os cabelos tingidos de laranja.

O empenho civil nunca sairá de moda.

Cyndi Lauper

Maquiagem vibrante, bijuteria vistosa e uma vontade incrível de fazer festa em uma Nova York pós-Studio 54 e pré-tolerância zero: mesmo ficando no pop, Cyndi Lauper era uma artista excêntrica e fora dos padrões, e por um momento pareceu a mulher livre mais importante da década.

"As mulheres bem-educadas raramente fazem história." Afirma a escritora, professora e historiadora das mulheres Laurel Thatcher Ulrich. A arte criada pelas mulheres muitas vezes permanece equilibrada entre os dois polos inconciliáveis da indiferença e do escândalo, e quando Cyndi Lauper escalou o ranking com uma música que recordava o rock dos anos 1950, chamou a atenção para si. E aproveitou para fazer mais: em *She's So Unusual*, incluiu "She Bop", uma música dedicada à masturbação feminina cheia de alegria e liberdade: *Hey, hey they say I better get a chaperon / Because I can't stop messin' with the danger zone / Hey, I won't worry, and I won't fret / Ain't no law against it yet, oh she bop, she bop.*

Na estreia, o single acabou na mira da recém-nascida associação Parents Music Resource Center, responsável por avaliar do ponto de vista moral os produtos discográficos. Com seu conteúdo sexualmente explícito, "She Bop" recebeu o famoso carimbo de Parental Advisory e a inclusão na lista dos *Filthy Fifteen* feita pelo PMRC, na companhia de Prince, AC/DC, Madonna e outros artistas "indecentes". Toda a discografia anterior que por uma década falou sobre mulheres-acessórios nunca havia sido considerada "inconveniente".

Cyndi Lauper tinha trinta anos quando lançou seu manifesto vivaz e barulhento. Antes, abandonou a escola, rodou pelo Canadá e pelos Estados Unidos, trabalhou como camareira de dia e cantora cover à noite, montou a própria banda e, enquanto as coisas não engrenavam, encontrou um emprego como vendedora. O sucesso de seu disco solo foi fruto de um trabalho árduo, uma espera que durou anos, mas é também o capítulo de um discurso mais amplo: "Por toda a vida, as gravadoras me pediram que escrevesse músicas como 'Girls Just Want to Have Fun'. Mas eu nunca quis. Isso para mim é a liberdade". Cyndi escolheu ser independente e por consequência o mercado lhe deu as costas. Seu nome ficou no máximo ligado àquela única música, mas seu apoio à luta contra as desigualdades sociais foi enorme: "Cresci na época dos movimentos pelos direitos civis, não acho que aquele tipo de empenho sairá de moda".

Em 2008, junto da empresária Lisa Barbaris e do agente Jonny Podell, Cyndi fundou a associação True Colors Fund, com a intenção de ajudar garotos da comunidade LGBTQ sem moradia fixa. Organizou concertos beneficentes, arrecadação de fundos, participou ativamente de campanhas contra a difusão do vírus HIV e sempre estava na linha de frente de cada Mês da História da Mulher, vestindo a camiseta "Girls Just Want to Have Fundamental Rights".

Cyndi também colecionou dois Grammys, um Emmy e um Tony pelo musical *Kinky Boots*. "Você pode ganhar todos os prêmios do mundo, mas o Tony por melhor musical significou muito para mim." Na indústria discográfica, poucos podem se permitir diversificar a própria atividade em âmbitos variados continuando a ter sucesso, sobretudo em um mundo que olha com desconfiança as mulheres no comando. Cyndi Lauper, há mais de trinta e cinco anos, nos lembra de muitos modos que as mulheres têm possibilidades infinitas de carreira. Talvez vestindo as roupas espalhafatosas da sua linha Touch of Cyn, pensada para as senhoras que não querem nunca renunciar a se sentirem fabulosas. "Não me preocupo com o que as pessoas pensam de mim. Não tenho tempo, sou muito ocupada."

CYNDI LAUPER

NENEH CHERRY

"Woman"

*I've born and I've bread
I've cleaned and I've fed
And for my healing wits,
I've been called a witch
I've crackled in the fire,
And been called a liar
I've died so many times
I'm only just coming to life*

em *Man*, 1996

Para os fãs, não é sempre fácil aceitar o crescimento e o amadurecimento do próprio ídolo, geralmente porque significam uma mudança artística, às vezes drástica e repentina, que os mais apaixonados veem como uma traição. O risco de um descolamento entre público e artista acontece majoritariamente quando a estrela atinge o sucesso na juventude: é difícil que permaneça igual, mas como explicar a quem tem a necessidade de continuar vendo com os mesmos olhos? Para uma mulher que chegou ao sucesso em torno dos vinte, pode não ser simples assim manter viva a atenção, depois de três filhos, um marido e com o desejo de lançar um disco somente quando sente que tem algo a dizer.

No fim dos anos 1980, Neneh Cherry já era famosa. À frente do seu tempo, a filha do trompetista Don Cherry sentiu o punk inglês de perto e queimou rapidamente as etapas da sua vida profissional e privada. Representante de um novo tipo de artista que quer ter controle total sobre a experiência completa, abraçou o trip-hop e a recitação, se apoiou no funk e no jazz fusion, defendeu sua atitude rock. O sucesso comercial chegou com as notas de "Manchild", uma música sobre um homem que nunca completou seu percurso de crescimento, enquanto "Raw Like Sushi" é também sobre maternidade, infância e atualidade. Todas as canções foram assinadas por Neneh, cuja popularidade se aproximava à de Madonna e Prince: "Quando, em pouco tempo, me vi tendo um sucesso que nunca teria imaginado, comecei a entender que tinha muitas limitações: antes de tudo, a expectativa que continuasse a produzir músicas ininterruptamente. Nesse ambiente, a pergunta sempre é: 'Quantos discos venderá?'. É cálculo, estatística. Mas eu sinto que sou um tipo diferente de artista".

> **Perseverar é uma luta contra a extinção do livre pensamento e do espírito.**
> Neneh Cherry

A visão feminista, multiétnica, não binária de Neneh Cherry pode ser encontrada também em uma música pop como "7 Seconds", em que faz um dueto com o artista senegalês Youssou N'Dour, e em "Woman". Música de abertura em um disco intitulado *Man*, "Woman" é um tributo às mulheres, um convite a não se render, ela será a primeira a não o fazer: *But I'm the kind of woman that was built to last / They tried erasing me, but they couldn't wipe out my past.*

Daquele 1996, passaram-se quase vinte anos antes que a "garotinha afro-sueca", assim se definia no começo, voltasse com um álbum original. Na indústria musical, vinte anos representam um tempo difícil de preencher. Para os fãs, contribui para levar as expectativas às estrelas. No entanto, para Neneh Cherry não interessa construir um novo trabalho sem ter vontade, mas sim colocar nele o que a levou àquele ponto: "Nos anos em que não gravei nenhum álbum solo, passava a maior parte do tempo fazendo música. Eu não estava interessada em estar na linha de frente, queria viver as perspectivas diversas de um palco. Quando chegou o momento, simplesmente senti dentro de mim que era certo colhê-lo".

Voltar aos refletores depois de tanto tempo assim acaba em um confronto inevitável tanto com a música do passado quanto com a própria imagem. "Não gosto de envelhecer, mas também nesse aspecto há elementos diversos que se combinam. É um desafio, como artista você deve evoluir continuamente. Na indústria discográfica todos são obcecados por aparecer, especialmente as mulheres. Sempre senti a vontade de me rebelar contra esses estereótipos, o importante é não querer fingir a todo custo ter vinte anos para sempre."

Em 2014, Neneh Cherry voltou à cena com um álbum no qual processou o luto pela morte da mãe, e em 2018 aquele luto tornou-se uma exigência mais universal: "Devemos falar do que acontece. Estamos em momentos difíceis, tem o Brexit, o racismo, o sexismo. Sinto o dever de fotografar estes sentimentos, raiva e tristeza". *Broken Politics* é o manifesto de uma mulher que se mete em discussões, abre um diálogo, grita contra as injustiças, suplica, inicia uma pequena revolução entre as paredes de casa, a leva ao estúdio e depois difunde nos palcos ao redor do mundo: "Perseverar é uma luta contra a extinção do livre pensamento e do espírito".

Em sua carreira, enfrentou muitas vezes o problema da autenticidade do artista, das suas responsabilidades em não enganar quem a escuta, em oferecer-lhes uma perspectiva diferente das coisas, mas também em infundir coragem e esperança: "É um período escuro, mas também se experimento raiva e tristeza, tenho o dever de conservar uma certa positividade, é importante reagir na direção oposta".

Muitos críticos leem em *Broken Politics* um retorno ao passado, aos anos mais gloriosos do trip-hop, de Bristol e do sound do Massive Attack. Para a autora, o núcleo é a militância: "Devemos continuar crescendo e conquistando sempre mais espaço. Nos filmes, na música, na moda, em quase todos os âmbitos da sociedade, a representatividade da mulher é limitada. Por isso, exploro e faço emergir cada aspecto meu, meu legado cultural, meu orgulho, minha raiva. A força, o poder e a beleza das mulheres sempre me motivaram, mas tenho consciência de que ainda há muito caminho pela frente".

E pensar que mais de vinte anos atrás já havia aqueles que tinham uma visão bem completa da abordagem de Neneh Cherry à discografia: a jornalista inglesa Vivien Goldman escrevia que: "Fazendo escolhas difíceis, vivendo de maneira independente, trabalhando fora da indústria musical, Neneh mostrou constantemente como combinar a sexualidade com a integridade e a maternidade com a música".

ARETHA FRANKLIN

"Respect"

*What you want
Baby, I got it
What you need
Do you know I got it?
All I'm askin'
Is for a little respect when you get home (just a little bit)*

em *I Never Loved a Man the Way I Love You*, 1967

A carreira de Aretha Franklin começou aqui, com essa música escrita por Otis Redding, em 1965, que, nas intenções do autor, falava do respeito que um homem espera da própria companheira depois de um dia de trabalho. Quando, dois anos mais tarde, "Respect" chegou às mãos de Aretha, a música não seria mais a mesma. A cantora reverteu completamente o sentido, e quem pede respeito passa a ser a mulher, que chega a soletrar a palavra ao marido para que possa compreender o significado mais profundo: se não a entendesse, ele corria o risco de voltar para casa e encontrá-la vazia.

Se até aquele momento a carreira da moça de vinte e cinco anos de Detroit não havia decolado muito, com o lançamento de "Respect" foi impossível não notar a potência vocal e o talento extraordinário dela. Como apontava Dick Gregory, artista e ativista pelos direitos civis, ao ligar o rádio, "podia-se ouvir Aretha três ou quatro vezes em uma hora. Você ouvia Martin Luther King só no noticiário".

Havia algo novo no ar: nas ruas, manifestações e ocupações de protesto estavam na agenda, e na rádio havia uma garota afro-americana que estava dizendo às mulheres para exigir respeito dos próprios homens. Assim, "Respect" tornou-se um hino do feminismo e da luta pelos direitos civis, no qual depois, um ano mais tarde, se apoiou "Think". Escrita pela mesma Franklin e pelo marido, Ted White, "Think" continuava o discurso iniciado por "Respect": *I ain't no psychiatrist, I ain't no doctor with degrees / But, it don't take too much high IQ's / To see what you're doing to me / You better think (think) / Think about what you're trying to do to me.*

Estou me destacando naquilo que faço.
Aretha Franklin

No dia 29 de dezembro de 2015, Aretha Franklin participou da cerimônia do Kennedy Center Honors, em Washington, prêmio conferido todos os anos pelo governo americano a quem se destacou no campo da arte e da cultura. Aretha já havia recebido o reconhecimento em 1994, e naquele ano quem ficou com o prêmio foi Carole King, cantora e compositora entre as mais produtivas da sua geração. A rainha do soul estava ali para homenagear a autora de um dos seus maiores sucessos "(You Make Me Feel Like) a Natural Woman" e fez isso com uma apresentação de tirar o fôlego. Aos setenta e três anos, Aretha continuava sendo a mulher cheia de energia que conhecíamos, a mesma que nunca se escondeu atrás de uma falsa modéstia quando a fama e o sucesso começaram a bater à porta: "É um reconhecimento da minha arte, significa que estou me destacando naquilo que faço". Naquela noite, Carole King foi a fã número um de Aretha, e ao seu lado o presidente dos Estados Unidos Barack Obama apareceu visivelmente comovido. "Aretha contribuiu para definir a experiência norte-americana. Na voz dela, podemos sentir a nossa história, o nosso poder e a nossa dor, as nossas trevas e a nossa luz, a nossa busca por redenção e o nosso respeito duramente conquistado. Ela nos ajudou a nos sentir mais conectados uns com os outros, mais confiantes, mais humanos. E, às vezes, nos ajudou a esquecer todo o resto e dançar." Com essas palavras, Obama cumprimentou aquela que o acompanhou da posse à Casa Branca. Nove anos depois, três da apresentação no Kennedy Center, Aretha Franklin deixou órfãos milhares de fãs no mundo inteiro depois de uma vida de romance.

Dezoito Grammys vencidos e quarenta e quatro indicações, além de setenta e cinco milhões de discos vendidos, Lady Soul colecionou um número, digamos, um pouco surpreendente de prêmios e reconhecimentos. Foi a primeira mulher a entrar no Hall da Fama do Rock & Roll, é considerada uma das melhores cantoras de todos os tempos e o estado do Michigan declarou sua voz "uma maravilha da natureza". E tem ainda as músicas, hits inesquecíveis porque são parte de um patrimônio cultural: "Chain of Fools", "I Say a Little Prayer", "I Never Loved a Man (The Way I Love You)".

Além dos sucessos, dos rankings, das lendas que acompanham toda estrela de primeira grandeza, há outro aspecto da vida de Aretha que impressiona: sua capacidade de sempre ter sido independente, recusando-se a balançar alguma bandeira que não fosse a da liberdade. "Acredito que a revolução tenha me influenciado muito, mas devo acrescentar que a minha foi uma evolução muito pessoal, uma evolução do meu eu comigo mesma." Para a jornalista e escritora Ann Powers, "antes que o feminismo cunhasse o slogan, o gospel criou um espaço no qual o pessoal poderia ser político, e essa conexão é a chave para compreender o significado social de Aretha. Suas músicas, como os romances de Toni Morrison ou as memórias de Maya Angelou, mostram quanto as lutas e o crescimento de uma única mulher estavam à altura de serem o contracanto da história americana toda, que se inspirou no gospel para aprender a levantar a voz". Aretha Franklin absolutamente levantou a voz quando personificou a senhora Murphy e cantou ao marido muito machista: era 1980 e o set, o do filme cult de John Landis, *Os Irmãos Cara de Pau*, no qual a cantora atuou com a energia incrível de sempre.

Em 1985, Annie Lennox acompanhou Aretha em "Sisters Are Doin' It for Themselves", hino do dia internacional das mulheres daquele ano: *Now there was a time when they used to say / That behind every great man / There had to be a great woman / But in these times of change you know / That it's no longer true.* Annie e Aretha sabiam muito bem ser grandes mulheres, sem nenhum homem na frente, e não eram as únicas: "Eu pensava que a consideravam só a música de uma mulher velha. Pelo contrário, cantavam com o coração".

A rainha do soul permanece como um ponto de referência para muitas gerações, pelos dotes vocais e pela capacidade de chegar às pessoas, dando voz a quem nunca tinha ousado falar. Especialmente aquelas mulheres que, sentindo-se chamadas à causa, se apropriaram das palavras de Aretha como se fossem delas.

PJ HARVEY

"50Ft Queenie"

Hey, I'm one big queen
No one can stop me
Red light, red green
Sat back, I'm watchin'
I'm number one
Second to no one
No sweat I'm clean
Nothin' can touch me

em *Rid of Me*, 1993

Em 2017, a National Public Radio (NPR), organização independente sem fins lucrativos que reúne mais de novecentas estações de rádio estadunidenses, pediu a cinquenta ouvintes que compilassem um ranking de seus álbuns preferidos de artistas mulheres solo, dos anos 1960 até os dias de hoje. Chegaram a uma longa lista que a NPR definiu como "uma invenção, um remédio, uma correção do que decretou a história da música e, espera-se, um modo para começar um novo diálogo". Aretha Franklin e Nina Simone foram as duas únicas artistas a aparecer por duas vezes nas primeiras trinta posições, Joni Mitchell, Amy Winehouse e Lauryn Hill no topo do ranking, Missy Elliott levantou a bandeira do hip-hop e depois Madonna e

Stevie Nicks, e até uma azarona como Ani DiFranco encontrou um lugar junto a nomes mais pomposos, como os de Whitney Houston e Janis Joplin. Patti Smith e PJ Harvey, representando a cota rock com os respectivos *Horses* e *Rid of Me*, este último um disco rude, vigoroso e agressivo produzido por Steve Albini.

Um dos primeiros a notar a potencialidade da artista inglesa foi John Peel, importante crítico e radialista, dividido entre o fascínio que emanava das músicas de PJ e seu tom, que era tudo, menos tranquilizante: "O modo como Polly Jean parece atingida pelo peso das próprias músicas e dos arranjos, como se o ar tivesse sido literalmente sugado de novo: admirável, mesmo que não sempre prazeroso". PJ Harvey, no início dos anos 1990, irrompeu no mundo essencialmente masculino do rock e, em apenas dois discos, fez o seu caminho com uma língua afiada e um estilo impossível de classificar. Seria a sigla estilística da sua carreira, não cair em tramas já conhecidas e repartir sempre do zero: "Quando estou trabalhando em um disco novo, a coisa mais importante é não me repetir".

> ## Nos últimos vinte anos, continuei estudando. Nunca parei de aprender.
> ## PJ Harvey

Em "50Ft Queenie", é indiscutivelmente a protagonista, é ela que tem o controle, mesmo no quarto. Aos vinte e quatro anos, declarou fidelidade somente aos seus ídolos do blues: John Lee Hooker, Howlin' Wolf, Robert Johnson. Mais para a frente, acompanhando a evolução dela, apareceram as fantasias, para brincar de ser outro, para se proteger, em uma encenação que teve seu ápice nas apresentações ao vivo: maquiagem exagerada, roupas de *femme fatale*, macacões colados, roupas impecáveis de renda e os instrumentos, guitarra, piano, auto-harpa, sax. "Sempre fui muito exigente comigo mesma, seja na academia de belas artes ou no mundo da música, mantive aquele impulso à competição. Nos últimos vinte anos, continuei estudando, frequentei cursos de escrita, desenho, línguas. Nunca parei de aprender."

Da rejeição das normas em geral à extraordinária capacidade de se reinventar, a vida de Polly Jean parecia ter espaço somente para a arte: autora, polinstrumentista, e também poetisa, escultora, pintora. Desde 2013, é membro da Ordem do Império Britânico e a única artista que venceu duas vezes o Mercury Music Prize, o prêmio mais prestigioso da música anglo-saxônica, com dez anos de diferença entre eles. Um sinal evidente de quanto ela conseguiu se inserir em um mercado em contínua evolução e surpreendê-lo.

Uma existência inteira a serviço da composição e nem uma única nota desafinada que venha de outro aspecto da sua vida. Havia uma relação ininterrupta na base de um disco íntimo e destroçado como *White Chalk*, mas PJ Harvey aprendeu a não falar de sentimentos não resolvidos, depois do fim do relacionamento turbulento com Nick Cave, considerado pela imprensa e pelos fãs como seu alterego masculino. "A primeira vez que escutei um disco dele, eu tinha dezoito anos. Fiquei chocada com suas músicas e não escutei mais nada por muito tempo. Sua música tocou algumas partes de mim de um jeito muito forte." Na metade dos anos 1990, ficaram juntos durante o tempo de uma música, uma *murder ballad* que acabou no disco dele, uma valsa de encontro-desencontro e de um adeus infinito. "É a mulher com as mãos mais frias e os lábios mais quentes que já conheci", diria o australiano sobre ela. Para se libertar daquela trama, seria preciso outro álbum, *The Boatman's Call*, mas, enquanto durou, foi amor. A julgar pelas palavras que Cave escolheu em uma carta endereçada à amada, não foi a duração que determinou a importância do relacionamento: *Polly Jean, I love you. I love the texture of your skin, the taste of your saliva, the softness of your ears. I love every inch and every part of your entire body. I need you in my life, I hope you need me too.*

Em 2016, a vinte e cinco anos de sua estreia, PJ Harvey lançou seu trabalho mais político, fruto de notas de viagem em territórios em guerra, e ao lado do fotojornalista e documentarista Seamus Murphy: "Estivemos juntos no Kosovo e no Afeganistão, depois começamos a pensar em outro destino, onde fecharíamos o projeto, e escolhemos Washington DC, porque foi lá que tomaram decisões que tiveram efeito no Kosovo e no Afeganistão. Quando escrevo uma música, procuro visualizar a cena inteira. Vejo as cores, a hora do dia, o estado de ânimo, a mudança da luz, o avanço das sombras. Recolher informações de fontes secundárias teria sido muito distante do que eu estava procurando escrever. Queria cheirar o ar, tocar o terreno e encontrar as pessoas dos lugares pelos quais sou fascinada". O resultado dessa enésima pesquisa foi *The Hope Six Demolition Project*, onze faixas que falam sobre personagens deploráveis, injustiças sociais, degradação, violência e imperialismo. Sem retórica, PJ Harvey continua a demonstrar quanto ainda é possível fazer com a música, cavando em profundidade, documentando sem presumir nada: "A coisa mais linda de uma música é que se difunde no universo e as pessoas a usam do modo que precisam na própria vida".

GRACE JONES

"Nipple to the Bottle"

Don't give me a line
Keep the lid on the bottle this time
I'm still a lady
I won't do it tonight
I won't do it tonight
No way baby
I won't give in and I won't feel guilty
Rant and rave to manipulate me

em *Living my Life*, 1982

Grace Jones é uma mulher que aprendeu logo a dizer "não". Afirmou isso na sua autobiografia, no documentário sobre sua vida e, mesmo sem cavar muito a fundo na carreira dessa artista incrível, pode-se facilmente intuir que não estava mentindo. Em "Nipple to the Bottle", de 1982, logo se entende quem está no controle: não é um homem, mas a mulher-símbolo daquela década, a mais determinada, revolucionária e impetuosa cantora pop dos anos 1980.

No começo de 2019, o estilista Tommy Hilfiger apresentou sua última coleção desenhada com a ídolo teen Zendaya. Trata-se do enésimo revival da moda entre os anos 1970 e 1980: lurex, botas acima do joelho, cores chamativas. Se fosse um disco, seria

Nightclubbing. E, de fato, na passarela desfilou também a autora, uma Grace Jones impecável, fiel a si mesma e ao look que a caracteriza desde sempre. Com as notas de "Pull Up to the Bumper", faixa recheada de alusões sexuais e parte justamente daquele *Nightclubbing* que no começo dos anos 1980 consolidou seu status de ícone de moda e estilo, Grace Jones exibiu energia e forma perfeitas. Quando mostrou seu corpo curvilíneo em um body dourado justo, casaco prateado e botas *cuissard*, a imprensa enlouqueceu e encheu suas páginas com as perguntas de sempre, que acompanhavam todas as saídas públicas dela: como faz para se manter tão em forma? Como é possível que, aos setenta anos, ainda tenha esse estilo?

O que boa parte do público não sabe é que Grace Jones nunca aposentou o espartilho e o salto alto. Quem teve o prazer de vê-la ao vivo sabe que o outfit de Hilfiger é realmente pouca coisa em comparação às roupas habituais que ela usava em cena. Na Primavera Sound de 2017, aos sessenta e nove anos, a artista se apresentou no palco vestida só com tinta branca, em homenagem ao trabalho de Keith Haring, que transformou seu corpo em uma obra de arte. Seus retratos na obra de Andy Warhol e Robert Mapplethorpe são testemunho tangível daquela época de ouro.

> # Eu não sigo os escândalos, eu os crio.
> ## Grace Jones

Nos nossos dias, a conversa se concentra em outras questões em vez da arte, em particular sobre o que uma mulher mais velha pode ou não fazer, principalmente se não aparentar aquela idade, se é uma figura pública e tem entre quarenta e cinco e setenta e cinco anos: o marketing chama essas mulheres de "Perennials". Grace Jones, que passou a vida inteira criando uma identidade única para não ficar restrita a nenhum rótulo, foi obrigada a entrar nesse "grupo". Porque ainda é difícil conseguir fazer um discurso que consiga ir além da aparência e do julgamento sobre o corpo da mulher: o escritor Yann Moix, no começo de 2019, declarou à imprensa que achava as mulheres da idade dele, cinquenta anos, pouco atraentes, sublinhando como aos seus olhos o corpo de uma mulher mais nova era bem mais desejável. Não é preciso dizer que o pensamento de Moix e seu gosto pela provocação não precisam de mais comentários.

Para Grace Jones, nunca se tratou de beleza, mas de fascínio, carisma, ela que, com as cores da sua pele e o copo musculoso, não aderia a nenhum cânone estético e cultural das gerações que a precederam. Começou a carreira como modelo, trabalhou com os fotógrafos mais importantes da sua época, homens fascinados pela ideia de explorar identidades novas. Diante das lentes de Helmut Newton, Guy Bourdin, Hans Feurer, o corpo dela perdia as especificidades do seu gênero, colocando-se a serviço da arte. Depois da moda, foi a vez do cinema, da música, da publicidade, e foi provavelmente neste último campo que atiçou o pudor do público e dos adeptos aos trabalhos: as roupas de homem e o comportamento agressivo bastaram para abrir o debate sobre sua sexualidade. Quarenta anos atrás, pensava-se assim, mas talvez não tinha mudado muito se ainda hoje há quem faça perguntas sobre a identidade da musa de Salvador Dalí, Amanda Lear.

I'll never write my memoirs / There's nothing in my book cantava Grace Jones em *Art Groupie*. Depois, realmente escreveu suas memórias, talvez para esclarecer as lendas e fofocas. A autobiografia *I'll Never Write my Memoirs* e o documentário de Sophie Finnes, *Grace Jones: Bloodlight and Bami,* nos revelam o passado e o presente da artista com uma diferença substancial: o livro escava profundamente até tocar aspectos íntimos e dolorosos da juventude da cantora, da férrea disciplina religiosa à qual era submetida até os abusos do companheiro da avó, na Jamaica dos anos 1950; já o filme se foca no presente, sem usar nenhum material do arquivo. O que passou e serviu para levá-la até onde chegou: "Eu não tive uma infância, estou vivendo agora".

Grace Jones sempre foi direta e nunca se curou das consequências: na apresentação nova-iorquina da sua autobiografia levantou a camiseta diante dos flashes dos fotógrafos para chamar a atenção. Não são muitos os artistas com uma carreira tão longa que se permitem ter comportamentos tão livres: "Eu não sigo os escândalos, eu os crio. Um livro é uma coisa íntima, é por isso que tem uma capa. É como o sexo, você faz debaixo das cobertas. Se também quiser vir para debaixo das cobertas, não deve se escandalizar com o que vai encontrar".

Hoje, quando não se sente de fato velha, mas só mais sábia, Grace Jones se concede dois luxos: reviver sua infância, dilacerada na época ao som de tapas e castigos, e a liberdade de mostrar ao mundo a própria vulnerabilidade: "Normalmente, a escondia, mas agora me sinto forte o suficiente para compartilhá-la com os outros".

Aos setenta anos, pode acontecer de amolecer, mas não tem razão de parar de fazer o que nos mantém vivos. "Você pode amar um pouco demais seu parceiro, mas nunca será demais o amor que tiver por você mesma."

CASS ELLIOT

"Make Your Own Kind of Music"

*Nobody can tell ya,
There's only one song worth singin'
They may try and sell ya
'Cause it hangs them up to see someone like you
But you've gotta make your own kind of music
Sing your own special song
Make your own kind of music even if nobody else sings along*

em *Make Your Own Kind of Music*, 1969

Em setembro de 2005, a ABC abria a segunda temporada de uma de suas séries mais populares com essa música de Cass Elliot, lançada em 1969. Em sua primeira aparição em *Lost*, "Make Your Own Kind of Music" foi rotulado pela revista *Spin* como um dos melhores momentos musicais da idade de ouro da TV. A faixa voltou ao ranking, ligada para sempre à cultuada série, finalmente fazendo um pouco de justiça à sua intérprete, falecida em 1974.

Damon Lindelof não escolheu uma música por acaso para aquele momento tão icônico da série: voltou no tempo puxando na memória até a infância, quando no domingo cedo, no café da manhã, sua mãe cantarolava uma musiquinha que muitas vezes a fazia chorar, como se aquela canção a sintonizasse com a história pessoal de

Cass Elliot. Nada mais fácil, a música também serve para isso. E os músicos mesmos são os primeiros a exorcizar os próprios fantasmas na arte deles, como fez Cass Elliot.

Ellen Cohen nasceu no começo dos anos 1940 em uma família judia emigrada para Baltimore. O pai sempre havia sonhado em ser um cantor de ópera, mas o comércio alimentar dos pais era a verdadeira base da qual a família se sustentava. As cartas que mudaram o destino de Cass foram o encontro com o cantor Denny Doherty, por quem se apaixonou sem ser correspondida, e com o Journeymen, trio de folk dos anos 1960 do qual Doherty fazia parte.

> **Nunca faço o que os outros esperam de mim. É o único modo de poder seguir em frente.**
>
> Cass Elliot

Em 1965, Denny conseguiu convencer o líder da banda, John Phillips, a acolher Cass no grupo para dar vida ao quarteto que dali a pouco todo o mundo conheceria como The Mamas and The Papas. O talento de Cass naqueles anos nunca foi colocado em discussão, a extensão vocal e a experiência ao vivo nos palcos de locais noturnos do Greenwich Village, em Nova York, fizeram dela uma cantora madura. O que John não conseguia digerir no começo era a aparência de Cass, aqueles quilos a mais que condicionariam a existência inteira da cantora e mais um pouco: de fato, depois da sua morte, difundiram inclusive a lenda ridícula, completamente desmentida pela autópsia, que ela teria morrido sufocada comendo um sanduíche.

A verdade era definitivamente outra. Depois do seu show no London Palladium, na noite de 28 de julho de 1974, Cass foi a uma festa na casa de Mick Jagger, com outros artistas como Pete Townshend, Keith Richards, Bob Dylan, Rod Stewart e Debbie Reynolds, a última a vê-la viva. Naquela mesma noite, Cass Elliot morreu dormindo em seu apartamento, em Londres, de ataque cardíaco, mas para a imprensa a imagem de uma mulher se empanturrando na solidão do próprio quarto era uma história bem apetitosa.

Por toda a sua jovem vida, Cass foi obrigada a prestar contas publicamente da própria imagem, que devia se contrabalancear com um caráter forte, com a determinação, a autoironia e com um talento esplêndido. "Nunca faço o que os outros esperam de mim. É o único modo de poder seguir em frente." Só depois a história reconheceu as batalhas dela: em 2015, a ilustradora e quadrinista francesa Pénélope Bagieu celebrou o espírito indômito da cantora na *graphic novel California Dreamin'*, em que Cass Elliot aparece como uma mulher tenaz, determinada, uma feminista à frente do seu tempo, pronta a desafiar todo protótipo de beleza e barreira social. "Com certeza, a indústria do entretenimento não esperou a chegada da MTV para julgar as cantoras por sua aparência. Foi inclusive pior para Cass, com sobrepeso em um período em que não havia figuras públicas parecidas com ela. Havia uma Beth Ditto à frente de seu tempo e foi preciso uma boa quantia de coragem para suportar o *body shaming* da época."

Pénélope se referia a um período em que ainda não existiam termos para definir a ridicularização da aparência de uma mulher. Mas mesmo antes de Cass, uma certa Maria Callas viu-se prestando contas do mesmo tipo de desprezo: "Se tivesse de vestir uma mulher como ela, enlouqueceria, é tão despropositadamente gorda, que qualquer coisa que vista pode ser doada a ela". Foi assim que, em 1951, se referiu a ela Biki, uma das estilistas italianas mais famosas entre os anos 1940 e 1960. E, depois de Cass, tratamento semelhante foi dado à musicista Karen Carpenter, em guerra contra si mesma e a própria imagem até o fim dos seus dias. Os quilos, primeiro em excesso e depois perdidos muito rapidamente, chamaram mais a atenção do que os milhões de discos vendidos. No começo dos anos 1980, os distúrbios alimentares acabaram na primeira página: a morte de Karen contribuiu para ligar o alarme para os perigos da anorexia e da bulimia, doenças subestimadas até aquele momento, se não ignoradas.

Em 2018, a musicista inglesa Tracey Thorn comentou no *New Statesman* o modo que os homens escreveram sobre ela por anos: "'Sem a beleza convencional, Thorn, de qualquer modo, é estranhamente atraente.' 'A sua inteligência transparece por meio de seus traços estranhos.' Muitas vezes, o que é mais irritante não é tanto o sentimento de insulto, mas o fato de estar totalmente fora do tema. Não busco compaixão. Tenho a casca muito mais dura do que pensam, mas o ponto é que para as mulheres, no mundo da música, faz parte do jogo ser descritas, sobretudo pelos homens".

Se hoje as mulheres que trabalham com crítica musical são ainda poucas, no tempo de Cass Elliot eram uma verdadeira raridade. Lillian Roxon estava entre as poucas jornalistas a encontrar-se no centro do fervor nova-iorquino dos anos 1960, e na sua *Rock Encyclopedia* escreveu também sobre o grande talento de Cass. Por ironia, Lillian era chamada de *Mother of Rock*, lá onde para Cass era usado o apelido *Mama Cass*. É assim que, principalmente os homens, reduzem as mulheres a uma dimensão materna.

CARLY SIMON

"You're So Vain"

You're so vain
You probably think this song is about you
You're so vain, you're so vain
I'll bet you think this song is about you
Don't you? Don't you?

em *No Secrets*, 1972

A música que representa um dos segredos mais bem-guardados da história do pop é, na realidade, uma tentativa de disco que se intitula *No Secrets*. Era 1972 e, com esse álbum, a musicista americana Carly Simon inaugurou uma nova era para as cantoras e compositoras, em oposição ao machismo que imperava em alguns dos hits mais famosos da época. Aqui ninguém caçoava de ninguém, Carly não citava nomes, mas também não dava descontos. Havia um homem, e no decorrer dos anos descobriríamos que havia mais de um, tão vaidoso, que achava que aquela música falava justamente dele. Alguém que provoca muito o interesse da opinião alheia, que vai embora sem se despedir e acha inclusive excitante seduzir a mulher de um amigo.

"You're So Vain" é o single de maior sucesso de Carly Simon, cúmplice da caça ao tesouro para identificar o protagonista, um homem que realmente entrou na vida da autora, mas não para ficar. É por isso que não poderia ser o marido e pai dos filhos dela, James Taylor. No entanto, poderia ser Mick Jagger, que fez o *back vocal* da canção, ou o compositor Kris Kristofferson, talvez Cat Stevens ou Warren Beatty. Parecia que particularmente o segundo verso fosse dedicado ao ator, mas é uma revelação que Carly Simon só fez em 2015.

Em 1972, não era tão frequente que uma cantora e compositora abordasse temas considerados essencialmente masculinos. Mas, com a chegada dos anos 1970, viu-se uma nova onda de compositoras se distanciando do folk para se aproximar do rock, inclusive nos temas: artistas como Carole King, Emmylou Harris e Linda Ronstadt deram mais de um passo em direção àquele novo começo.

Assim, "You're So Vain" entrou no Olimpo dos clássicos e sua autora continua a ser lembrada ainda hoje, sobretudo por essa música tão irreverente. Somente a segunda metade dos anos 1980 presenteou Carly com a oportunidade de se emancipar daquele sucesso. A primeira se intitulava "Coming Around Again", música inserida no álbum de mesmo nome e na trilha sonora do filme semibiográfico *A Difícil Arte de Amar*, escrito por Nora Ephron, que conta a história de uma mulher seduzida e abandonada pelo marido. Se o roteiro ia em uma direção, a música ia em outra: de fato, Carly cantava sobre uma mulher que nunca perdia a esperança, consciente de que, mais cedo ou mais tarde, o homem certo chegará.

Esconder a dor exige uma quantidade enorme de energia.
Carly Simon

Por outro lado, há pouco sentimentalismo em "Let the River Run", outra música de sucesso ligada a um filme, *Uma Secretária de Futuro*. A comédia romântica, dessa vez, reservou às protagonistas algo a mais do que os habituais papéis estereotipados de mulheres e mães, contando uma história em que uma garota consegue se salvar sozinha, sem a intervenção de nenhum príncipe. E foi assim que aconteceu com Carly: com sua "Let the River Run", conseguiu levar para casa um Globo de Ouro, um Oscar e um Grammy de uma vez só, uma façanha jamais conquistada antes por uma cantora e compositora.

Carly, mestra de estilo, na década de 1970 influenciou a moda por muitos anos a seguir com seu look boêmio e a sua sensualidade, muitas vezes comparada à do ex, Mick Jagger. Parece que sempre havia um motivo para desejar ser como Carly Simon, no campo da beleza, do sucesso, da fama ou da sua vida com James Taylor, em Martha's Vineyard. Mas geralmente era seu primeiro sucesso que a levava de novo ao auge pelas décadas: em 2003, durante uma arrecadação beneficente, a artista anunciou que gostaria de revelar, em segredo, a identidade do homem misterioso de "You're So Vain", a quem desse o maior lance. Quem ficou com a confidência pela modesta quantia de cinquenta mil dólares foi Dick Ebersol, presidente da NBC Sports e amigo de Carly. Em 2005, seu ex-marido Jim Hart declarou ter certeza absoluta de que aquela canção não falava de nenhuma pessoa famosa. Sheila Weller tinha a mesma opinião, e em seu livro *Girls Like Us,* sugeriu que poderia se tratar de Dan Armstrong, músico pouco conhecido com quem Carly havia tido um relacionamento. O famoso apresentador Howard Stern, um dos poucos a saber quem era o homem (ou os homens) a quem a música se referia, revelou que esse senhor X não era assim tão vaidoso afinal. Em 2010, espalhou-se a voz, logo desmentida pela autora, de que o misterioso amante era o magnata da música David Geffen. Enfim, durante a turnê de apresentação da sua autobiografia, Carly Simon admitiu que uma das pessoas era Warren Beatty.

Na espera de acrescentar detalhes novos a um acontecimento que nos mantém na expectativa desde 1972, Carly foi vangloriada justamente pela sua autobiografia *Boys in the Trees*, uma narrativa extraordinária e apaixonante de uma existência vivida sob os refletores, uma história minuciosa em que a protagonista revela alegrias e sombras da sua vida: "Cada um de nós tem seus problemas. Aprender a compartilhá-los é essencial. Esconder a dor exige uma quantidade enorme de energia".

Pouco depois da publicação do livro, na véspera das eleições americanas, "You're So Vain" assumiu um significado novo: com a autorização da autora, a Patriotic Artists and Creatives fez um vídeo anti-Trump, usando o famoso hit como trilha sonora. Pela primeira vez, a música foi usada com escopo político.

A magia daquele formidável 1972 continuou a ser reproposta no decorrer dos anos, e, em 2018, foi encontrada uma gravação justamente daquele período, "Fragile", um dueto inédito de Mick Jagger e Carly Simon. A cantora tinha certeza de se lembrar de uma frase daquela música: *How love can make you cry*. Lembrava errado: a frase daquela canção era *How love can make you change*. Aqui, só há tempo para as mudanças. E, de fato, devido a um câncer em 1997, declarou: "Uma mulher realmente forte aceita a guerra que lutou e é engrandecida por suas cicatrizes".

CARLY SIMON

LAURYN HILL

◉

"Doo Wop (That Thing)"

*Now, Lauryn is only human
Don't think I haven't been through the same predicament
Let it sit inside your head like a million women in Philly, Penn
It's silly when girls sell their souls because it's in*

em *The Miseducation of Lauryn Hill*, 1998

◉

The Miseducation of Lauryn Hill foi lançado no verão de 1998. Sua autora, intérprete e produtora havia acabado de fazer vinte e três anos, tinha um filho, um ex e uma ex-banda com a qual as coisas não terminaram bem. Apesar da pouca idade, Lauryn Hill tinha uma experiência de veterana, talvez porque tenha começado cedo a se virar sozinha e logo cruzado o caminho de Pras Michel e seu primo Wyclef Jean, dos Fugees. Com uma discografia que parou na segunda prova, a banda americana levou o hip-hop a um patamar elevado do ranking, despindo-o dos temas mais violentos. O novo percurso introspectivo do gênero saiu do gueto e acabou se espalhando nas salas de estar e nos programas principais do horário nobre; os membros do grupo sentiram a possibilidade de uma carreira solo e não hesitaram, mas quando chegou a vez de Lauryn Hill, Wyclef se meteu: tentou destruir tudo ao seu redor, declarou guerra a quem aceitasse trabalhar com ela, criou obstáculos. O cabeça dos Fugees tinha medo, temia que o talento da garota com quem tinha criado uma relação pudesse ofuscar a tentativa solo deles. E, de fato, quando *The Miseducation of Lauryn Hill* surgiu no mercado, por um tempo pareceu não haver espaço para mais ninguém.

Ainda hoje, não há nenhum rapper que se esqueça de citar esse disco do fim dos anos 1990 entre suas maiores influências. Todas as catorze músicas são assinadas por Lauryn que, apesar de Wyclef Jean, conseguiu reunir alguns músicos: D'Angelo, Carlos Santana, Mary J. Blige, John Legend e um grande grupo de profissionais combinaram de se encontrar na Jamaica para descobrir uma mulher que na sua estreia no estúdio já tinha uma ideia precisa de como se comportar: "No primeiro dia, organizei todos os instrumentos pelos quais nunca havia me apaixonado: harpas, arcos, tímpanos, órgãos, clarinetes. Eu quis conservar o elemento humano, não queria que fosse um álbum tecnicamente perfeito". A gravadora tentou até o último momento convencê-la a trabalhar com um produtor, mas Lauryn não cedeu: "É o meu álbum. Quem pode contar a minha história melhor do que eu?".

" Quem pode contar a minha história melhor do que eu?

Lauryn Hill

Naqueles dias, na ilha natal de seu "sogro", Bob Marley, Lauryn viveu em um estado de graça, grávida do primeiro filho, que teve com Rohan Marley: "Quando algumas mulheres ficam grávidas, o cabelo e as unhas delas crescem. No meu caso, o que se expandiu foram a mente e a capacidade de criar. Eu estava muito em contato com meus sentimentos naquele momento. Todas as vezes que me machuquei, todas as vezes que me senti desiludida, todas as vezes que desejei recomeçar, escrevi uma música".

Em *Miseducation*, Lauryn pregou a autodeterminação, o respeito e o conhecimento de si muito antes de Beyoncé, Janelle Monáe, Cardi B. e conseguiu infundir ensinamentos preciosos em mais de uma geração de mulheres jovens. Soul e hip-hop foram finalmente despidos de temas sexistas e agressivos cantados pelos homens e revestidos de palavras que faziam da igualdade entre os sexos o ponto de partida: *The pretty face men claiming that they be the big men / Need to take care of they three or four kids / And they face a court case when the child support late / Money taking and heart breaking, now you wonder why women hate men.* Assim cantou no primeiro single, "Doo Wop (That Thing)". Com um só disco, Lauryn Hill triunfou e levou para casa tudo o que um artista fica procurando por anos, às vezes, sem nunca encontrar: sucesso, fama, prêmios, elogios, estima. Mas com um tiro certeiro de primeira e nenhuma vontade de replicar, ela fugiu do sucesso, do bis, dos fãs que a aplaudiam, mesmo continuando a tocar suas músicas em shows apaixonantes. Porém, seu afastamento da cena alimentou rumores sobre sua arrogância, construindo a imagem de artista caprichosa, plagiada por companheiros de vida ou de fé, atribuindo-lhe, inclusive, uma doença mental conclamada. Mas a única loucura de Lauryn era não ter se dobrado à vontade da indústria musical ou aos piores clichês de que sofriam as popstars. "O público precisa entender que a pessoa com quem se acostumaram no começo fez tudo o que era possível naquele momento. Porém, depois, fui obrigada a me afastar. Estava muito comprometida. Eu me sentia muito mal porque tinha de sorrir para alguém de quem não gostava ou que não conhecia o suficiente para mostrar algum tipo de interesse. Abandonei a cobiça, a corrupção e os compromissos, mas nunca disse adeus aos fãs e ao talento dos que me apoiaram."

Quando em 2015 a escutamos reinterpretar alguns dos clássicos de Nina Simone no documentário *What Happened, Miss Simone?*, por um momento a névoa se desfez e as duas acabaram se sobrepondo: excêntricas, severas, diversas, difíceis de se rotular porque viajavam em uma velocidade diferente do resto do mundo. No entanto, Lauryn, ao contrário de Nina, que nunca conseguiu se reconhecer em um modelo tradicional de família, escolheu antepor o privado à carreira: dedicou-se à criação dos seus cinco e mais tarde seis filhos, aos quarenta e um anos virou avó e continuou a cantar sua verdade, lúcida e empenhada. "Há muita pressão para ter um hit nesses anos. Os artistas olham o ranking em vez de olhar para dentro de si. Aretha Franklin não chegou ao topo com seu primeiro álbum, pôde crescer e encontrar a si mesma. Procuro fazer uma música honesta, mesmo sabendo que as pessoas podem me criticar por isso, mas cresci escutando Al Green e Sam Cooke."

Em 2015, *The Miseducation of Lauryn Hill* foi escolhido pelos responsáveis da Biblioteca do Congresso dos Estados Unidos para ser inserido no Registro Nacional de Gravações. Todos os anos, o arquivo, gerenciado pelo governo de Washington, seleciona títulos para serem preservados por sua relevância histórica, cultural e estética.

AMY WINEHOUSE

"Stronger Than Me"

*You should be stronger than me
But instead you're longer than frozen turkey
Why'd you always put me in control
All I need is for my man to live up to his role*

em *Frank*, 2003

Em poucas frases, uma Amy Winehouse muito jovem apresentou a história: *Frank*, o álbum de estreia da cantora e compositora inglesa, saiu em 2003. Amy tinha só vinte anos e seus textos derramavam desilusões. Não era essa a intenção, mas como se escreve outra coisa quando as emoções prevalecem? "Deve ser autobiográfico. É um exorcismo. Se não tivesse este meio para filtrar minhas experiências, eu me perderia. A música é o único espaço da minha vida em que posso ser completamente honesta, o único que me oferece dignidade, uma região em que ninguém pode me tocar."

Como a maior parte das pessoas, Amy procurava tranquilidade e satisfação em uma relação de amor e provavelmente perseguia aquela estabilidade que o divórcio dos pais não conseguiu lhe garantir. O que ela ainda não sabia é que o que procurava fora de si era uma força que deveria ter sido cultivada internamente, porque, sem ela, o desconforto poderia se tornar um peso insuportável. Mas a moça não tinha culpa, pelo contrário, em "Stronger Than Me" ficou evidente que as expectativas quanto aos papéis de um casal eram tão desbalanceadas, que criavam um desequilíbrio imenso: Amy queria um homem que pudesse ser a metade forte, um porto seguro ao qual atracar; em vez disso, descobriu que ela deveria segurar as rédeas, infelizmente.

Há garotas que não esperam o príncipe encantado, outras preferem se salvar sozinhas e outras ainda sequer se sentem em perigo. Há mulheres que prefeririam acordar todas as manhãs com uma ducha gelada em vez de ter ao seu lado a companhia da noite anterior, entretanto, eventualmente acontece de se convencerem que dividir o jantar com alguém seja uma experiência essencial. Amy amava seu trabalho, mas, assim que a carreira começou a decolar, nas turnês, nas entrevistas e na divulgação de *Back to Black*, preferia a companhia do marido. Declarou à *Rolling Stone*: "Todas as músicas do disco têm a ver com as circunstâncias do meu relacionamento com Blake naquela época. Nunca havia experimentado na minha vida o que sinto por ele. Foi muito catártico, porque eu estava sofrendo com o modo que nos tratávamos um ao outro, achava que nunca mais nos veríamos de novo. Eu queria morrer".

> ## A música é o único espaço da minha vida em que posso ser completamente honesta.
>
> ### Amy Winehouse

Amy começou muito cedo a sofrer com a solidão. Aos nove anos, os pais se divorciaram e seu pai foi morar com outra mulher. Desejar uma família que não se separe é legítimo, o problema é desejá-la com o homem errado: "Não quero ser uma ingrata. Amo o que faço, mas não é o fim nem o começo de tudo".

Na morte de Amy, em 2011, por alguns meses não se sabia em que acreditar. A imprensa pressionou muito além das lágrimas dos familiares, suas roupas doadas aos fãs que se reuniram na porta da casa dela, os avisos de quem já havia passado e tinha entendido tudo um momento antes que acontecesse, todas as coisas pareciam pequenas se comparadas ao show que Amy fazia todos os dias. Por um tempo, o carrossel parou, enquanto o pai não passou ao comando, levantando novamente as cortinas com a crueldade do crooner que faltava, dando à imprensa um álbum de standard jazz e uma biografia. Logo depois de o ex-marido correr o risco de morrer por overdose, saiu o álbum póstumo, *Lioness: Hidden Treasures*; o último companheiro de Amy, Reg Traviss, foi preso sob a acusação de estupro; a mãe de Blake contou sua versão dos fatos em um livro; e o documentário de Asif Kapadia, *Amy*, mostrou ser o olhar mais incisivo.

Sobre Amy e Blake, tudo o que há para ser contado já foi escrito. Bastava dar um passo para trás para perceber o que estava acontecendo. A história, de longe, parece mais compreensível, mesmo agora que os interesses intoxicaram tudo. Mas a única pessoa que sabia dos fatos não está mais viva para contá-los. "A vida é breve. É preciso aproveitar o momento."

O encontro errado, o rapaz malvado, mas sobretudo o não se conceder a possibilidade de corrigir o caminho, marcam a vida de muitas mulheres, famosas ou não. Na base, geralmente está a mesma confusão de papéis e expectativas. Como nos lembra Giulia Blasi, em seu *Manuale per ragazze rivoluzionarie*, "a feminilidade nos é ensinada dia após dia pelas nossas mães, tias e avós primeiro, por outras mulheres mais tarde. Aprendemos desde pequenas o que é coisa de menina e coisa de menino: a doutrinação é tão sutil e persuasiva, que não é possível distingui-la do nosso gosto pessoal". Dez anos antes, a jornalista e escritora Oriana Fallaci havia liberado o campo de toda a dúvida: "O que eu queria quando criança, suponho, era um homem para amar e ser amada por ele para sempre, como nas fábulas. Mas, nas fábulas, eu percebia uma espécie de ameaça, um risco mortal: e se esse homem quisesse mandar na minha vida? Nunca fui um animal domesticado. Nunca me vi trancada no pequeno cosmo da família. O ofício de esposa sempre me horrorizou. Não queria ser a esposa. Queria escrever, viajar, conhecer o mundo e aproveitar o milagre de ter nascido".

Para Amy Winehouse, o milagre se consumiu rapidamente. Em pouquíssimos anos, com dois álbuns, vendeu milhões de cópias e fez com que público e crítica concordassem. Nem uma opinião contrária quando se trata de sua voz e de suas músicas, um mix de jazz, soul e R&B que fez dela a primeira mulher inglesa a vencer cinco Grammys em uma só noite. Ler e escutar o que Amy teria podido compor aos trinta anos, quarenta e assim por diante... fica o arrependimento maior por quem havia compreendido completamente sua maturidade artística. Segundo o produtor Salaam Remi, Amy "deixou algo que está além de seu tempo. Um trabalho tão profundo, que inspirará uma geração que ainda não nasceu".

NINA SIMONE

"Four Women"

My skin is black
My arms are long
My hair is wooly
My back is strong
Strong enough to take the pain
It's been inflicted again and again
What do they call me
My name is aunt Sarah
My name is aunt Sarah

em *Wild Is the Wind*, 1959

Em 1966, Nina Simone tentou fazer um acordo com a própria imagem. Em um momento em que se sentia no dever de posicionar-se na batalha pelos direitos civis, mudou a própria aparência. Não se tratava só de uma questão de estilo: para usar um slogan daqueles anos, "o pessoal é político". Abandonar o chanel curto e liso represen- tou rejeitar o cânone da beleza branca, que a condicionou durante toda a sua vida: muitas vezes, em conflito com a própria imagem, Nina se olhava no espelho ou nas capas dos seus discos e se sentia deprimida.

Foi com os cabelos afro que se apresentou ao público para cantar "Four Women", sua música mais feminista, e taxada de racista por muitos ouvintes que interpretaram mal a mensagem da faixa: a canção foi banida de diversas rádios e mandada de volta ao remetente.

"Four Women" explora os sentimentos de quatro mulheres de pele escura para contar sobre a vida submissa delas. Anos depois, a mesma Nina falou sobre o significado das suas composições em uma entrevista com a jornalista britânica Mary Anne Evans: "Todas as minhas músicas, as mais importantes, têm um lado afiado. Eu firo você, a obrigo a pensar e o faço de repente. Toda mulher negra do mundo que tenha ouvido aquela maldita música sabe bem o que significa, toca no íntimo de trinta e dois milhões de negras lá fora". Na biografia de Alan Light, *What happened, Miss Simone?*, Attallah Shabazz, a filha mais velha de Malcom X, que cresceu com a filha de Nina, afirma: "Com 'Four Women', Nina Simone teve a capacidade de contar uma história, ela mesma, e de ser todas as mulheres no momento em que escrevia. E todas nós nos sentíamos representadas. A música nos colocava diante de nós mesmas".

> ## A liberdade para mim é não ter medo.
> ### Nina Simone

"Four Women" foi um divisor de águas na vida de Nina, que percebeu que conseguia chegar a uma multidão de pessoas. Tocar em certos temas em público foi um momento catártico, que lhe permitiu entender o que estava acontecendo com ela e com a sua vida. Não foi por acaso que, em 1966, depois de anos de conflito com a própria imagem e identidade, se apresentou aos fãs com os cabelos dela, sem peruca. "Não posso ser branca, sou o tipo de mulher de cor que os brancos desprezam ou aprenderam a desprezar. Se fosse um homem, não teria tanta importância assim, mas sou uma mulher e estou continuamente diante de um público, exposta à sua zombaria, à sua aprovação ou desaprovação."

Nina também teve sorte: pela primeira vez pôde contar com outras mulheres, líderes culturais, ativistas que lhe forneceram suporte emotivo e enfrentavam algo em comum. Attallah Shabazz se lembra do sentimento de amizade e solidariedade que unia as ativistas Nina Simone, Miriam Makeba, Lorraine Hansberry, Ruby Dee: "Eram mulheres brilhantes, competentes, cultas, cosmopolitas em um período que dizia: você não! Tinham um grande senso de humor, estavam preparadas para qualquer assunto e em grau de discutir sobre qualquer coisa. Sabiam dar uma boa risada se fosse necessário. Eram livres!".

Quando Nina, que nasceu na América dos anos 1930 e se chamava Eunice Kathleen Waymon, compreendeu que, apesar do talento, para ela seria bem improvável se tornar uma pianista clássica, tinha duas possibilidades: abandonar os sonhos ou lutar, aguentar firme até que os tempos estivessem mais maduros. Uma batalha que para a pequena Eunice começou cedo, quando era obrigada a acordar às três da manhã para fazer as tarefas domésticas, ir à escola e estudar por horas à tarde; quando, todo domingo, caminhava os cinco quilômetros que separavam sua cidade da comunidade branca, onde sua professora de piano dava aula; quando, com apenas dez anos, não arredou o pé até que seus pais pudessem sentar nas primeiras filas, geralmente negadas aos cidadãos afro-americanos, durante uma apresentação dela; quando uma escola de música de prestígio da Filadélfia a rejeitou, mesmo com o ótimo exame de admissão. Roger Nupie, amigo e fã da cantora, lembra que no Instituto Curtis não havia estudantes negros de música clássica, muito menos estudantes mulheres.

A carreira de Nina Simone decolou bem depressa, mas o sucesso se revelou cheio de dificuldades: por ingenuidade e desinformação, no começo da carreira vendeu os royalties dos seus primeiros sucessos por três mil dólares; se apegou a vida inteira a um amor da juventude, o primo, um relacionamento amargo e platônico que deixou cicatrizes profundas nela. Mais tarde, nenhum homem conseguiu controlar seus conflitos, pelo contrário, seus esforços para manter vivo um relacionamento a deixaram ainda mais em pedaços, ferida e com raiva. Qual era o sentido de chegar ao topo se lá de cima não podia aproveitar o panorama com alguém ao lado? Nina trocou o alguém por um marido-empresário que desde cedo revelou sua brutalidade. "Casei com ele porque eu tinha uma necessidade desesperada de amar alguém. Tinha perdido completamente o respeito por mim mesma e tinha consciência disso. Decidi que o único caminho possível era dar-lhe tempo para compreender a origem do seu lado violento".

Havia tamanha raiva em Nina, que ficou difícil freá-la, tanto que seus famosos surtos de humor se tornaram sempre mais intensos. Só quando a diagnosticaram com um distúrbio bipolar e uma depressão obsessiva, sua fragilidade finalmente encontrou uma explicação.

No decorrer dos anos, muitos músicos a citavam entre as próprias influências. David Bowie e Nick Cave foram dominados pelo seu fascínio e sua potência. Nina foi Nina até o fim, e quando a raiva fluía por entre seus dedos e a sua voz se libertava no canto, deixava todos sem palavras. Disse coisas que muitos queriam dizer, e, mais do que isso, as colocou em prática. "Aconteceu algumas vezes de me sentir realmente livre no palco. A liberdade para mim é não ter medo."

DIANA ROSS

"I'm Coming Out"

The time has come for me
To break out of the shell
I have to shout
That I'm coming out
I'm coming out
I want the world to know
Got to let it show

em *Diana*, 1980

"This is all about love" deu o tom a Diana Ross no palco do American Music Awards, em 2017. Aos setenta e três anos, a cantora americana recebeu o enésimo prêmio da carreira, mas, naquela noite em particular, não estava sozinha, e sim acompanhada de sua família alargada: amigos, filhos, noras e netos – todos ali para lembrar quanto orgulho corria nas veias deles. Naquela passarela, não desfilava apenas uma bela história de harmonia familiar, mas uma fatia da história americana que criou raízes na Detroit dos anos 1960. E o *pot-pourri* que Diana escolheu para presentear o público estava lá para recordar: enquanto as crianças dançavam, a avó cantava as músicas icônicas da Motown que fizeram dela uma estrela, "Ain' No Mountain High Enough" e "I'm Coming Out".

Diana Ross é um símbolo: quando se trata de compilar uma lista de vozes e personagens que contribuíram de maneira inequivocável para traçar um caminho por territórios inacessíveis para as mulheres, o nome da artista afro-americana está sempre presente. Em 2016, o museu The Kennedys, de Berlim, hospedou a exposição *Decades of Change. Iconic Women of the 60s and 70s*, e a diretora do museu e curadora, Alina Heinze, não parava de recordar quanto o valor e o empenho de Diana Ross ainda são perceptíveis em todas as latitudes: "Tornou-se o exemplo ideal da mulher moderna. Sua música de 1980, 'I'm Coming Out', na qual canta sobre sua libertação iminente da machista Motown, é até hoje considerada um hino feminista". Pouco importa que os autores da música Nile Rodgers e Bernard Edwards, membros do grupo Chic, tivessem sido inspirados pela comunidade gay de Nova York, assistindo a diversos espetáculos de drag queens vestidas como Diana Ross: o hino do orgulho homossexual virou um canto de libertação das mulheres.

> **Há lugares no mundo onde negros e brancos não têm os mesmos direitos. Pensem em nós quando voltarem às suas casas.**
>
> Diana Ross

Diana deixou a Motown de Berry Gordy em 1980, e poucos meses mais tarde entrou na RCA com um contrato de vinte milhões de dólares, uma cifra surpreendente mesmo para a época. A partir desse momento, começou um império fundando diversas sociedades para cuidar de vários aspectos de seus negócios: contas e finanças, caça-talentos, publicações, turnês, variedades, moda e cosméticos.

Em 2002, o jornalista Gerald Posner publicou o livro *Motown: Music, Money, Sex and Power*, um tipo de pesquisa sobre uma das dinastias mais aclamadas da indústria americana: Berry Gordy, graças a um empréstimo da mãe e do pai, deu vida a um sonho, que para alguns também era um pesadelo. Pela Motown passaram Smokey Robinson, Marvin Gaye, Stevie Wonder, Michael Jackson e mais tarde a obra-prima de Gordy, aqueles que nos anos 1960 conseguiram ficar no topo das vendas, Beatles e Supremes. Entre 1964 e 1969, de fato, o grupo composto por Diana Ross, Mary Wilson e Florence Ballard emplacou dezessete singles no top 10 do pop, doze dos quais em primeiro lugar. Tudo sob a gestão de Gordy, famoso pela disciplina férrea e dedicação absoluta ao trabalho que exigia de seus artistas, mas também pela capacidade de manter separados os negócios da vida pessoal. A repórter Diane Cardwell lembra quanto "mais do que qualquer outro artista da Motown, Diana Ross se submeteu completamente à visão de Berry Gordy, que queria fazer do soul uma música de raízes negras, algo apetitoso ao público branco. Na metade dos anos 1970, a cantora havia se tornado uma superstar na plena exuberância que ela e Gordy haviam imaginado e a primeira diva do pop moderno".

A primeira cantora afro-americana a aparecer na capa da *Rolling Stone*, a primeira a ter duas estrelas na Calçada da Fama de Hollywood, uma como membro do Supremes e outra como solista. A primeira a tomar a palavra na Royal Variety Performance, programa inglês de televisão beneficente, e a fazer um pequeno discurso diante dos membros da família real: "Não tenho muitas oportunidades de falar para pessoas poderosas como as que estão diante de mim hoje. Eu, como veem, sou negra, enquanto os senhores são brancos. Eu canto e os senhores me escutam, depois, quando tudo termina, vamos embora juntos desta sala. Há lugares no mundo, incluindo alguns estados do meu país, onde negros e brancos não têm os mesmos direitos, não podem sequer sair pela mesma porta. Eu gostaria que pensassem em nós quando voltarem às suas casas".

A partir desse momento, não existiu palco em que Diana Ross não tenha faturado o prêmio ou que não tenha sido indicada também como atriz. Por sua interpretação como Billie Holiday em *O Ocaso de uma Estrela*, recebeu uma indicação ao Oscar e ganhou um Globo de Ouro e um Tony. Em 1976, foi nomeada pela *Billboard* como a maior artista feminina do século 20. Em 1993, o Guinness a declarou a artista feminina de maior sucesso de todos os tempos pelo número de álbuns e singles que entraram nos rankings dos Estados Unidos e do Reino Unido. Recebeu da Casa Branca o Prêmio Keneddy e a Medalha Presidencial da Liberdade, a condecoração máxima do governo americano.

Em 2014, em ocasião do seu septuagésimo aniversário, no *Guardian* saiu um artigo intitulado *In honour of Diana Ross, can we reclaim the word "diva"?*. Cheri Percy, autora do artigo, lembra quanto a palavra tinha ganhado uma conotação depreciativa para mulheres fortes e independentes como Diana: é possível que não tenham o direito de assumir papéis de poder sem serem julgadas prepotentes? Segundo Percy, é hora de parar de diminuir as mulheres por comportamentos considerados positivos nos homens. Está na hora, sobretudo, de parar de chamar artistas extravagantes e caprichosas de "divas" e de devolver à palavra seu verdadeiro significado, ou seja, tudo aquilo que a vida e a carreira fizeram de Diana Ross: uma mulher lendária.

DIANA ROSS

ST. VINCENT

"Birth In Reverse"

Oh what an ordinary day
Take out the garbage, masturbate
I'm still holding for the laugh

em *St. Vincent*, 2014

O que há de extraordinário em começar o dia levando o lixo para fora e se masturbar logo depois? Nada, é um dia qualquer, segundo St. Vincent. Não há muitas artistas que citam abertamente a masturbação, mas com a música dessa cantora e compositora americana, disco após disco, dá para aprender quanto o ordinário pode ser extraordinário. Bem-vindos ao fabuloso mundo de St. Vincent, ao século Annie Clark.

Em 2019, a jornalista e ativista inglesa Caroline Criado Perez publicou um ensaio intitulado "Invisible Women", no qual denunciou as áreas e as atividades humanas em que a mulher não é levada em consideração: de manequins de teste de impacto, que pouco tempo atrás eram projetados para reproduzir só motoristas e passageiros homens, até dosagens de remédios calculados com base no metabolismo masculino e coletes à prova de balas, que não consideram a anatomia feminina. É por isso que precisamos de mulheres à frente de instituições, empresas, governos: porque temos uma necessidade desesperada de sermos representadas.

Em 2016, St. Vincent mudou de rota: em vez de se adaptar passivamente a uma guitarra pensada para um corpo masculino, projetou um instrumento que se adaptava melhor à anatomia feminina, dedicando-o "a todas as pessoas que não se sentem à vontade tendo em mãos um modelo padrão de guitarra, que sejam músicos de pequena estatura ou com peitos". Graças aos seguidores e à popularidade alcançada, a musicista conseguiu colocar no mercado um modelo novo de guitarra, ergonômica, mais leve e fina e que leva em conta os seios: "Pela minha estrutura, não consigo tocar uma Seventies Les Paul ou uma Sixties Strat, precisaria fazer as turnês viajando com um quiropraxista. São guitarras fantásticas, mas, devido ao peso, são impraticáveis e pouco funcionais para uma pessoa como eu".

> ## Se não estiver à mesa, você está no menu.
> ### St. Vincent

Parece que uma mulher que não só pega um instrumento, mas também tem ideias precisas sobre como fazê-lo, vira notícia. Por outro lado, Annie Clark, desde que entrou como solista no mundo da música há mais de uma década, nunca parou de se perguntar sobre o significado de ser uma mulher no rock: "Acho que o pessoal é político. Ser uma mulher forte é uma declaração feminista. Mas raramente penso no meu gênero e no meu sexo, há muita fluidez dentro do gênero e da identidade sexual. O feminismo hoje é importante porque vivemos em uma época em que não há igualdade entre os gêneros, mas acredito que no futuro chegaremos a um ponto em que falaremos só de humanismo, porque homens e mulheres terão as mesmas possibilidades e a mesma consideração".

Por enquanto, ainda há muitas batalhas para combater, começando pela presença feminina nos cartazes principais dos grandes festivais de verão. Só em 2019, na sua décima nona edição, a Primavera Sound de Barcelona teve uma paridade de gênero no próprio lineup. Hoje, outros festivais importantes não querem correr esse "risco", apesar de eventos do tipo terem a maior parte do público feminina. A hashtag #TheNewNormal antecipou o cartaz da manifestação espanhola: de novo, o ordinário tenta se tornar extraordinário e vice-versa.

St. Vincent, no decorrer da carreira, trocou frequentemente de pele, jogou com a própria imagem, acumulou colaborações (fez um disco com David Byrne) e produziu o trabalho de colegas estimados, como Sleater-Kinney, mas sobretudo procurou preencher o espaço entre mulheres e homens na indústria musical: "Sinto que tenho muita sorte de poder assumir as mulheres porque sou uma mulher. Não me sinto ameaçada por elas, pelo contrário, as encorajo e gosto de estar no meio delas".

Para o álbum *Masseduction*, Annie escolheu a engenheira de som Laura Sisk, já ao lado de Lorde, Eminem, Shakira, P!nk, Sia, Taylor Swift, Sigur Ros e muitos outros grandes artistas. Pensar em uma mulher por trás de uma mesa de som é, ainda, no século 21, incomum para muitos jornalistas do setor, mas a história ensina que há mulheres que lutaram por essas posições desde os anos 1950: Cordell Jackson e Bonnie Guitar, por exemplo, foram duas pioneiras da produção; Leslie Ann Jones, road manager e mais tarde técnica de som, nos anos 1970, foi expulsa das gravações por causa de algumas mulheres muito invejosas; Susan Rogers, técnica de som de Crosby, Stills & Nash, mas também de Prince, sabia que a maior parte das mulheres que escolheu esse trabalho deve enfrentar um longo caminho em subida: "Se uma mulher faz um ótimo trabalho, ajuda a si mesma e a todas as outras que vierem depois dela. Se não for excepcional, deixará as coisas mais difíceis para a próxima que tentar. Os homens, geralmente, tendem a ser julgados individualmente".

St. Vincent tentou preencher esse espaço a golpes de sororidade: "Como em todos os lugares de poder, é necessário poder sentar-se à mesa. Se não estiver à mesa, você está no menu. Portanto, é importante ter mais mulheres em posição de poder para dar uma possibilidade a quem, por razões do sexismo sistêmico, ainda não teve nenhuma".

Annie Clark sabia muito bem que a voz de St. Vincent seria escutada. Ela tem uma condição de privilégio, e dessa posição pode se permitir continuar a fazer música e a falar de igualdade. Vestir-se com látex sem perder a credibilidade, usar sapatos exagerados e nos ironizar: "O que eu sinto vontade de cantar de salto? Ajuda na postura, mas também pode me fazer cambalear, e gosto disso". Annie não é perfeita, pelo contrário, é a primeira a falar do seu lado mais frágil quando admite ter recorrido aos remédios para controlar episódios graves de ansiedade. Mas é também assim que consegue se manter sendo ela mesma. "As mulheres podem chegar a todos os lugares. Minha mãe ainda não chamava de feminismo, mas é algo inato ao nosso DNA."

ST. VINCENT

WHITNEY HOUSTON

"I Wanna Dance with Somebody"

*Clock strikes upon the hour
And the sun begins to fade
Still enough time to figure out
How to chase my blues away
I've done alright up to now
It's the light of day that shows me how
And when the night falls, loneliness calls*

em *Whitney*, 1987

Em 2013, o músico australiano Scott Matthew lançou um disco só de covers chamado *Unlearned*. Entre as faixas do álbum, uma versão de "I Wanna Dance with Somebody" prevaleceu sobre as outras, mas estava o mais longe possível do original.

A música de 1987, que atingiu o sucesso com uma jovem Whitney Houston, em poucas semanas virou a trilha sonora dos garotos dos anos 1980: na moda, despreocupados, prontos para se jogarem no meio da pista. Milhões de cópias vendidas no mundo inteiro, porém o público e a crítica não colheram o espírito mais profundo, que fala de solidão e saudade. No entanto, a melodia só no piano de Matthew fez emergir justamente os aspectos que haviam sido ignorados: "As pessoas nunca prestaram atenção na letra de 'I Wanna Dance with Somebody', nunca perceberam quanto era bela e melancólica. Meu desejo era ajudar a descobrir essa beleza". Acontece frequentemente na vida de ter certeza de ver algo, sem conseguir perceber realmente a não ser com a ajuda de alguém que nos convida a mudar de perspectiva. Na espiral descendente em que Whitney Houston se encontrou presa a certo ponto, não havia mais ninguém que conseguisse fazê-la ver a beleza em que ela, sozinha, não conseguia mais se distinguir.

"Meu maior demônio sou eu. Sou o meu melhor amigo e o meu pior inimigo." Na famosa entrevista dada à jornalista Diane Sawyer na ABC, Whitney Houston, dez anos antes de seu falecimento, eximiu todos. A culpa é toda dela, de mais ninguém, nem da sua família, que também era seu grupo social, nem de seus amigos, muito menos de seu marido. Ela era a única responsável pelas dependências, pelos fracassos. Era 4 de dezembro de 2002, o encontro deveria servir para reassegurar os fãs das condições de saúde da cantora e evitar escândalos. Porém, as consequências não foram as esperadas: o show foi um bumerangue para a carreira dela, que evidentemente ainda tinha muito orgulho para admitir ter problemas. Há experiências na vida que se juntam e nos tornam todos iguais: divorciados, doentes, com problemas no trabalho. Negá-las significa fingir ser invisíveis. Whitney tropeçava, se levantava e continuava caindo, sempre se machucando mais.

> **Meu maior demônio sou eu.**
> **É tudo culpa minha.**
> Whitney Houston

Na casa dos Houston, as expectativas eram altas; a pequena carregava o peso de um clã inteiro, mas no começo, com aquela voz e aquele talento, nada parecia impossível. No documentário *Whitney*, de Kevin MacDonald, de 2018, há uma cena em que a cantora se encontra em um quarto de hotel com a mãe. Parecem ambas exaustas. Whitney cede por alguns minutos, ataca Paula Abdul, que também estava no ranking, julgando-a uma intérprete medíocre. A rainha do pop caiu no trono e se mostrou vulnerável, como qualquer outro ser humano. A mãe, Cissy, estava ali para evitar que esse tipo de cessão pudesse se repetir, para lembrar à sua filha o dom que Deus lhe deu e que nenhuma Paula Abdul jamais terá.

Durante boa parte dos anos 1990, Whitney Houston aderiu àquele modelo de perfeição:

cantava na igreja, nunca parava de sorrir, nunca chegava atrasada a um compromisso e não faltava a nenhum ensaio dos seus espetáculos. Quando começou a se despedaçar, tentou juntar os pedaços porque quase não se reconhecia. Aquela boa garota, que trabalhava sobretudo por reflexo dos desejos de outros, não existia mais.

Já no fim dos anos 1980, a psicóloga Renate Göckel havia esclarecido todas as dúvidas quanto a isso: "Quando você persegue alguém, quando procura satisfazê-lo de todos os modos, seu foco está fora de você. Ser boa para a própria mãe e depois para os outros familiares, os professores, para o parceiro, o empregador, os amigos. Tornar-se boa o suficiente para todos significa contentar todos: nunca dizer 'não', não manifestar jamais as próprias exigências, realmente não existir".

Nos últimos anos da carreira, Houston conseguiu chamar a atenção da mídia só se expondo em um reality-show chamado *Being Bobby Brown* e fazendo com que sua vida privada falasse. No mesmo período, do outro lado do oceano, a existência de Amy Winehouse se consumia sugada novamente pelas lentes gananciosas dos fotógrafos. Whitney, ao contrário, acomodava todos no sofá de casa, procurando retomar o controle que havia sentido escorregar entre seus dedos.

Em *Being Bobby Brown*, o marido de Whitney faz de tudo para não desaparecer na sombra da mulher, mesmo ao custo de cobri-la de lama. No entanto, o show produziu um efeito totalmente inesperado: a cantora, pela primeira vez espectadora do seu relacionamento, ficou desgostosa. O espetáculo a deixou tão embaraçada, que pediu o divórcio.

A história turbulenta com o ex-marido foi uma sequência de abusos, dependência e chantagens afetivas, mas não era o único episódio que reprimiu uma das artistas mais amadas de todos os tempos. Porque isto era Whitney Houston: uma voz universalmente reconhecida e apreciada, uma das mulheres de maior sucesso discográfico, para alguns, a cantora mais premiada e famosa de todos os tempos. Mesmo assim, não era boa o suficiente: as extenuantes e contínuas demonstrações de valor provaram mais do que qualquer outra coisa. Para dizer com as palavras da escritora Michela Murgia, "é a assim chamada síndrome de Ginger Rogers: fazer tudo aquilo que fazia Fred Astaire, mas por trás e sobre saltos altos. O mundo do meliorismo feminino adorou a Jackie Kennedy infeliz queridinha da América e viúva virtuosa, mas detestou com todas as forças a Jackie Onassis que queria seguir adiante, refazer a vida e pensar só em si mesma".

FIONA APPLE

"Criminal"

I've been a bad, bad girl
I've been careless with a delicate man
And it's a sad, sad world
When a girl will break a boy
Just because she can

em *Tidal*, 1996

"Criminal" foi e continuará sendo o cartão de visita de Fiona Apple. Uma faixa colada à sua autora, um hit com as palavras gravadas *I've been a bad, bad girl*. Basta essa única frase para definir a estreia de uma garota de dezoito anos na década de 1990. Um contrato com uma grande produtora, um disco de platina sem passar pelas redes sociais. Moças e rapazes eram loucos por *Tidal* porque Fiona era a garota má dos sonhos deles: uma adolescente belíssima que vomitava na música desgostos e faltas.

Fiona Apple era uma filha da arte que pertencia à burguesia nova-iorquina; bela, ou melhor, belíssima. Uma cantora e compositora que encontrou na música a força para superar uma violência sofrida na infância, uma personalidade difícil e atormentada, que não queria fazer acordos com a indústria musical. Uma mulher que lutou durante toda a vida contra os rótulos que muitas vezes a impediram de fazer o próprio trabalho, como acontece com tantos artistas, principalmente do sexo feminino.

Quando, em 1997, saiu o clipe de "Criminal", o show business ainda estava imerso no imaginário do "heroin chic" lançado um ano antes por Calvin Klein: o corpo esquelético de Kate Moss e de outras pessoas muito jovens pareciam os únicos adequados para vestir os famosos jeans. Terminada a epopeia das grandes curvas pop, abandonado o grunge que com certeza não exaltava as formas, nasceu o novo estilo: andrógino, macilento, chocante. Na música, o correspondente de Kate Moss era Fiona Apple dirigida por Mark Romanek, sensual, de uma magreza evidente, e mesmo assim intrigante, com o olhar fixo para a câmera.

Mas os músicos não são modelos e não querem ficar com peso na consciência. Tracey Thorn falou muitas vezes do corpo das mulheres, como mãe atenta e como artista: "Há pouco tempo, fui entrevistada durante o programa *Fresh Air,* da NPR, e Terry Gross me cumprimentou pela foto na capa de *Amplified Heart*, um álbum do Everything but the Girl de vinte e cinco anos atrás. Estávamos Ben e eu, com partes de corpo descobertas, uma expressão imersa e emburrada, e de uma magreza dolorosamente rock'n'roll. Na capa daquele disco, ambos éramos a própria imagem da fome, mas também estávamos muito descolados e sabíamos disso. Tínhamos um quê de fascinante e excêntrico, e as pessoas gostavam daquilo. Era tudo autêntico, isso, sim, mas hoje não sei se deveria me sentir culpada por ter favorecido a mitificação da magreza".

Não acho que a minha aparência deva importar.
Fiona Apple

Os corpos podem ser muito complicados. Tracey Thorn sabe muito bem, sabem, sobretudo, as mulheres observadas com aquele tipo de lente que parece acentuar os defeitos; aprendeu às suas custas Fiona Apple, dividida entre a imagem provocante que a gravadora construiu dela e o desejo de se apresentar em público sem nem mesmo estar maquiada para filtrar suas emoções.

Fiona não era um exemplo, apesar de ter se tornado. Com o segundo disco, procurou forçar as regras com um título de noventa palavras que entrou no Guinness por ser o mais longo a aparecer no ranking. *When the Pawn...* tem faixas muito agradáveis e clipes que tocavam o coração dos fãs, mas foi com o terceiro, *Extraordinary Machine*, que Fiona foi além, chegando a escrever um disco que a Sony segurou por anos e que só a intervenção dos fãs com a campanha "Free Fiona" conseguiu liberar.

Enquanto estou escrevendo, passaram sete anos do quarto e último trabalho da cantora e compositora americana. Fiona também reduziu suas apresentações ao vivo quando, inclusive, o público começou a se preocupar com a aparência dela. Entre quem a incentivava a se cuidar e quem gostaria de vê-la mais parecida à imagem dos seus vinte anos, ela escolheu o silêncio. "Não acho que a minha aparência deva importar. Mesmo assim, toda essa história de estar doente me deixou desconcertada. Não entendo por que alguém deveria se preocupar com essas coisas. Não consigo sorrir. Sou uma pessoa emotiva e essas coisas me influenciam muito."

Passaram-se quinze anos desde aquela "Modern Girl" do Sleater-Kinney, que ia direto ao ponto: *I'm so hungry / Hunger makes me / A modern girl*. Em 2018, a cantora e compositora inglesa Florence Welch retomou o assunto em "Hunger": *At seventeen, I started to starve myself / I thought that love was a kind of emptiness / And at least I understood then the hunger I felt / And I didn't have to call it loneliness.*

Expor-se nunca é simples. Cantar sobre qualquer coisa que deixamos para trás soa como um aviso, cantar sobre algo que parece ainda estar presente tem o risco de parecer um pedido de ajuda. Para o público de Fiona, não foi possível fingir que nada estava acontecendo.

Em 2016, vinte anos depois do lançamento de *Tidal*, em um artigo publicado na *Spin*, a jornalista Rebecca Haithcoat se perguntava se e quanto as coisas mudariam para as cantoras e compositoras como Fiona: "Mesmo que hoje, em geral, tenha-se muito mais consciência das formas como o sexismo pode ser entendido, quando se trata de homens e mulheres, as dinâmicas do poder permanecem invariadas com relação ao passado, de modo tal que não amamos admitir". Se *Tidal* tivesse saído hoje, o corpo de Fiona teria sido objeto de sondagem de qualquer jeito.

Em 2019, Fiona Apple recomeçou pelas mulheres. Recuperou "I Know", uma antiga canção dela, e a reinterpretou com King Princess, uma cantora e compositora muito jovem que, com um só disco, levou uma nova perspectiva *queer* ao pop. E foi o single "Pussy is God" que impulsionou o seu álbum: "Acho que as mulheres mais jovens precisam das mulheres mais velhas para chegar aonde devem estar. É disso que necessitamos neste momento. Estamos em renascimento e precisamos de pessoas que se rebelem e levem mensagens na arte".

FIONA APPLE

TRACEY THORN

"Air"

*I grew up a girl, then I went astray
Didn't understand, the rules or how to play
Too tall (too tall)
All wrong (all wrong)
Big boys, headstrong*

em *Record*, 2018

No ano do #MeToo, imprensa e público ganharam confiança novamente com temáticas ligadas aos direitos das mulheres, à paridade de gênero, à luta contra o sexismo, todas questões jamais resolvidas. Foi nesse momento que saiu *Record*, em março de 2018, um álbum que foi descrito como "feminista". Não uma música, mas um álbum inteiro feminista: no que estava pensando a metade da famosa dupla Everything but the Girl enquanto escolhia um lado tão abertamente? "É uma coisa que me veio naturalmente, porque a linha que as várias músicas traçavam era a história da vida de uma mulher. E poderia ser eu ou poderiam ser as mulheres em geral, como uma espécie de arquétipo universal. Acho que está na minha natureza ser feminista."

Efetivamente, não é necessário ser tão fiel à cantora e compositora inglesa para perceber que sua música sempre foi um espelho dos tempos: Tracey Thorn foi musicista, depois escritora, mãe de três, feminista. Em seu último trabalho, estavam presentes músicas que falavam de estereótipos de gênero, desejo, relacionamento com os homens, contracepção: "Há milhões de músicas sobre o amor, e é compreensível, porque é da natureza humana, pertence a todos, mas para as mulheres há outras coisas fundamentais que são ignoradas. Assim, pensei em dar a minha contribuição, introduzindo temas que surpreendentemente parecem novos no mundo da composição, mesmo se não deveriam ser". Quando, em 2010, saiu o disco *Love and Its Opposite*, a música sobre a qual os jornalistas faziam perguntas se chamava "Hormones" e tratava de menopausa, um tema nunca ouvido antes no pop. Mas por que Tracey, que na época estava se aproximando daquele período da vida, não deveria escrever sobre isso? Talvez porque certos temas ainda sejam considerados um tabu?

> **Não desdenho os millennials, os escuto e os acho formidáveis. Prefiro fazer todas as ondas convergirem para um grande oceano.**
>
> Tracey Thorn

Na sua coluna no semanal inglês *New Statesman*, a cantora escreveu: "O meu feminismo se formou lá pelo fim dos anos 1970, quando as minhas heroínas punk eram as Raincoats, Poly Styrene, e depois nos primeiros anos da década de 1980, na universidade, onde líamos Kate Millett, Sylvia Plath, Audre Lorde e Charlotte Perkins Gilman. Mas aquela época era aquela época e hoje é hoje, e ainda estamos todas no mesmo barco. Acho que pertenço à geração baby boomer, portanto poderia facilmente me juntar àqueles que hoje desdenham cinicamente os millennials. Porém, não quero fazer isso. Eu os escuto e os acho formidáveis. Parecerá um sentimentalismo, mas preferiria fazer todas as ondas convergirem para um grande oceano".

Antes de saborear o sucesso ao lado do companheiro, Benjamin Watt, Tracey Thorn montou suas primeiras bandas no tempo da escola. Depois de um período em que se dedicou à família, voltou à música como solista e falou sobre si na autobiografia *Bedsit Disco Queen. How I Grew Up and Tried to Be a Pop Star*, um livro irônico e verdadeiro. Em *Naked at the*

Albert Hall. The Inside Story of Singing, a abordagem da autora é mais analítica, sobre si mesma, a própria timidez, o caráter introvertido: "Falei muito do medo do palco, que me faz parecer tímida e moderada nas apresentações. Eram necessários coragem e orgulho para chegar até ali. Se minhas mãos tremiam, eu fazia de tudo para esconder". No último livro, *Another Planet. A Teenager in Suburbia*, acrescentou o tijolo que faltava, percorrendo novamente a própria formação, a adolescência na periferia, os ícones pop nas paredes e uma distância abissal dos próprios pais: "Criar uma garota que queria comprar uma guitarra, estar em uma banda punk e rodar fazendo shows era algo assustador e chocante para eles e assim procuraram me parar. O que é um desastre com uma adolescente".

Escutar uma popstar disposta a compartilhar com o próprio público aborrecimentos adolescentes, ataques de pânico, maternidade, problemas de casal, envelhecimento pode ser incrivelmente consolador, sobretudo quando a artista continua a se colocar questionamentos apesar dos cabelos brancos e se preocupa em como os fãs reagirão a determinadas escolhas, mas sem ser condicionada: "Não há necessariamente uma conexão natural entre ser uma boa cantora ou um bom guitarrista e ser uma pessoa pública muito segura de si. Você pode ser uma dessas duas pessoas e não a outra".

Desde a estreia, a música de Tracey Thorn e do Everything but the Girl nunca foi classificada em um único gênero. Isso tornou as coisas difíceis para a imprensa musical e para as rádios e enraizou ainda mais nos artistas o desejo de ser independentes. "Muitos entre nós, que provaram o encanto do abraço de uma grande gravadora, esforçando-se para manter o compromisso, no fim se viram com um amargo na boca, sonhando um retorno à liberdade, àquele sentimento de puro prazer e de potência que se prova fazendo as coisas por si. O cenário independente sempre se baseou na ética do trabalho duro."

Parece quase que está diante dos nossos olhos, Tracey, enquanto encoraja os filhos a se virar e a experimentar a alegria de ser autônomos. É o mesmo ensinamento que dá aos fãs mais jovens, àqueles que se aproximaram primeiro aos seus livros e depois à sua música. Uma mulher que encontrou no punk a lição mais importante: "Todos podem montar uma banda. E isso foi exatamente o que impulsionou pessoas como eu, tímidas e que não ficam à vontade no palco, a experimentar mesmo assim. Eu pensava: então você não precisa necessariamente ser o melhor. Se tiver ideias, energia, são essas coisas que contam".

CAT POWER

"Woman"

The doctor said I was better than ever
Man, you should have seen me
Doctor said I was not my past
He said I was finally free

em *Wanderer*, 2018

"Woman" é o primeiro single tirado de *Wanderer*, o álbum de 2018 escrito, tocado e produzido por Cat Power; foi a primeira música que nasceu, um ponto de partida para um trabalho que chegou após seis anos do anterior. "Woman" também foi a última música a ser gravada na versão definitiva que aparece em *Wanderer*, em colaboração com Lana Del Rey: "Parecia que faltava algo. E o que faltava era a projeção de mim mesma, do tipo oh, essa é uma música triste que fala sobre ser mulher. Quando Lana Del Rey se apresentou compartilhando esse espírito de sororidade, pensei que não se tratava mais de uma canção triste à Cat Power, mas de uma música sobre mulheres em geral".

Cat Power chegou a ter um novo disco nas mãos ao término de um percurso rico e acidentado: doença, fim de um relacionamento, maternidade e mudança de gravadora. "Logo me disseram que o disco não era bom. E assim, por um ano, tive um disco novo, mas não uma gravadora para lançá-lo. Comecei a experimentar a sensação de não ser mais uma boa artista."

No arco de sua carreira, aconteceu várias vezes de parar de acreditar em si mesma e na própria capacidade. Tinha uma falta de confiança com raízes na infância e que às vezes crescia com ela até terminar na síndrome do impostor, ou seja, no medo – particularmente difundido entre mulheres bem-sucedidas – de não ser boa o suficiente e de não merecer o sucesso obtido. "Queriam um disco de hits. Esse não era um disco de hits, não o amaram, não o queriam assim. Tive de proteger a mim mesma, o meu trabalho, mas entendi uma coisa: que eu sou uma artista e eles, não." E "Woman" parecia cantar justamente o momento em que uma mulher encontra a coragem de transformar a obrigação e as opressões em energia: *A cage is like a weapon, a tool for me / You think I'm like the other ones / Well, my cage is a weapon, it's perfect for me / It's the one suit they seem to not see.*

> ## Amem as pessoas que amam vocês.
> ## Cat Power

Wanderer, como todo disco de Cat Power, é uma coletânea íntima de experiências, algumas dramáticas, outras mais leves, um mapa que a levou a ser aquilo que o público mais aprecia, uma cantora e compositora sincera: "As onze faixas contam o que foi a minha viagem até aqui. Como vivi a minha vida, vagando de cidade em cidade com o meu violão para contar a minha história, respeitando ao máximo todos aqueles que já o haviam feito antes de mim. Os cantores folk e blues, e também todos os outros na realidade. Todos viajaram e me sinto sortuda de ter tido a possibilidade de fazer o mesmo". Porém, existe uma diferença substancial entre Cat e bluesmen, em que se inspirava: ela era uma mulher, eles eram homens.

Quando é uma mulher que atravessa pradarias sem confim, que conta histórias de bar e anedotas sobre a vida viajando, a narração pode muitas vezes sofrer algum revés: "Nesses anos, muitas coisas mudaram, fiquei mal e fiz um filho. Antes, eu viajava muito, levava também todo o equipamento para gravar, mas quando meu filho tinha dois meses e eu estava em turnê, comecei a entender o que significava ser mãe, senti o corpo que estava mudando, que respondia às exigências dele".

E a maternidade ativou um novo tipo de equilíbrio na vida da artista: "Amem quem quiserem, mas, em particular, amem as pessoas que amam vocês. Sei que no passado eu parecia louca, talvez amasse as pessoas que não me amavam". Estão longe os momentos mais escuros, aqueles em que só Patti Smith conseguia sacudi-la com um dos melhores conselhos de sempre que salvavam a vida: "Ela me disse que é minha responsabilidade, justamente enquanto artista, lutar pelas coisas em que acredito".

Cat Power, forte pelo seu status e pelas possibilidades entre as quais felizmente uma mulher consegue escolher hoje, pôde seguir adiante sem renunciar definitivamente à carreira. No passado, outras mulheres não tiveram a mesma oportunidade: em uma época em que o feminismo ainda era um movimento distante, cantoras e compositoras como Karen Dalton, Sibylle Baier, Vashti Bunyan, Linda Perhacs não podiam ter tudo. Paola De Angelis, em um artigo de 2018 para *Il Manifesto*, identifica o ponto: "Se para os homens o nomadismo significa liberdade, para as mulheres é uma condenação à solidão. As *nobody's girls*, garotas de ninguém, sem raízes, laços, fogem à convenção, mas também da dor e, sobretudo, de si mesmas. Uma vida de quartos de albergues, cabines, aeroportos, estradas, voos intercontinentais, palcos em cidades de passagem, noites que muitas vezes terminam meio falidas por culpa de problemas técnicos, álcool ou tristeza". É esse o preço que muitas mulheres pagaram para evitar a vida doméstica nos anos 1950 e 1960, e para outras, entre as quais Connie Converse, Janis Joplin, Judee Sill, foi até pior.

Parece que Cat Power, quando descobriu que estava grávida, com a certeza de que cuidaria sozinha do filho, teve a tentação de abandonar tudo, sair da música e ir morar em um canto perdido da Austrália. No fim, porém, decidiu ficar e nos entregar a sua visão em um novo disco. Para fazer isso, escolheu de forma autônoma as músicas, os músicos, o estúdio de gravação, até as roupas que vestiria na turnê e nas fotos de promoção do disco, selecionadas da coleção The Vampire's Wife, assinada por Susie Bick, estilista, companheira e musa de Nick Cave. "Sou realmente grata por estar viva, por ter comida e teto. Ser respeitada, respeitar, experimentar esse espírito de solidariedade são as coisas mais importantes que aprendi na minha vida. Nunca pensei seriamente que teria feito o que fiz e sou grata por tudo."

BETTY DAVIS

"Nasty Gal"

I ain't nothin' but a nasty gal now
Hey hey
I said you said I was a bitch now
Didn't ya didn't ya
You said I was a witch now
I'm gonna tell them why I'm gonna tell them why

em *Nasty Gal*, 1975

Em 2006, uma americana de vinte anos, um pouco sem dinheiro, decidiu abrir sua primeira loja on-line de roupas vintage no eBay. Batizou-a de Nasty Gal, inspirando-se no seu álbum preferido da lenda do funk Betty Davis. "Foram a sua música, o seu incorrigível comportamento sexy e sua linguagem sincera que fizeram de mim sua fã. Eu estava somente escolhendo o nome para uma loja no eBay, enquanto, na verdade, estava infundindo na marca não só o meu espírito, mas também o espírito dessa mulher incrível." Oito anos mais tarde, Sophia Amoruso seria a chefe da Nasty Gal, uma empresa comercial de cem milhões de dólares com cerca de trezentos e cinquenta empregados, um autêntico império da moda no estilo do mais clássico *american dream*. Sophia e Betty Mabry têm uma coisa em comum: ambas foram vistas como "garotas más". E Betty ganhou essa fama simplesmente trabalhando em um mundo de homens e sabendo se virar muito bem.

Cresceu na periferia de Pittsburgh e, em 1967, mudou-se para Greenwich. Tinha um pouco mais de vinte anos e, no bolso, um contrato com uma agência de modelos e outro com uma gravadora gerenciada por um certo Don Costa, o lendário produtor e arranjador ao lado de Paul Anka, Frank Sinatra, Sarah Vaughan e Barbra Streisand. Com Don, Betty gravou seu primeiro single, mas parece que era em Nova York que as coisas aconteciam: no verão daquele mesmo ano, um encontro infundiu um novo sustento à sua técnica, quando Miles Davis tocou no Village Vanguard. Um olhar, uma faísca e os dois começaram um relacionamento.

Tinha medo de que eu o deixasse se ficasse famosa.
Betty Davis

Miles Davis estava em um ponto de sua vida em que imaginava ter visto e experimentado tudo, ou quase. O lendário compositor e trompetista estadunidense já estava envolvido na revolução do bebop e pode-se dizer que inventou novos estilos de jazz como o hard pop e o jazz modal, mas foi somente graças ao encontro com aquela que dali a pouco se tornaria sua mulher, que entrou em acordo com o seu tempo para criar uma mistura explosiva de jazz e rock. "Betty influenciou muito a minha vida pessoal, assim como a musical. Ela me fez conhecer a música de Jimi Hendrix, e também Jimi em pessoa, e um monte de outros músicos negros do rock. Conhecia Sly Stone e todas aquelas pessoas, e ela também era muito boa." Como recorda o biógrafo John Szwed, em seu livro *So What*, "Betty apresentou Miles ao mundo dos clubes. Influenciou também o modo como se vestia, levando-o a comprar roupas chamativas e alternativas nas butiques do Village, fazendo-o perder o gosto pelos ternos sob medida que usava tão orgulhoso". Betty era a potente força catalisadora que Miles estava procurando.

Nas biografias do lendário trompetista, geralmente o tempo dedicado a Betty acaba aqui. Reconhece-se uma influência, ditada mais do que tudo pelos vinte anos de diferença entre os dois, mas depois o casamento terminou em um ano e perdeu-se o rastro dela. Sem dúvida, Miles Davis, graças ao encontro com Betty, pôde abrir um canal com o público mais jovem, mas, para ela, além do sobrenome, sobrou bem pouco. Provavelmente foi o antagonismo, ou pelo menos o que Miles percebia como tal, que os dividiu: as músicas que Betty gravou durante o casamento são inéditas até hoje. Segundo ela, o marido não queria que levasse a cabo um disco inteiro: "Tinha medo de que eu o deixasse se ficasse famosa". E depois, havia aquele probleminha ligado à exuberância dela, sempre tão marcante e sexy. "Betty era muito jovem e selvagem, com relação ao que eu esperava de uma mulher. Era um espírito livre, com muito talento, lasciva, sensual, toda sexo, mas eu não sabia disso quando a encontrei e, mesmo que soubesse, acho que não faria muito caso."

Betty se mudou para Londres, ficou no ambiente, frequentava Eric Clapton, Robert Palmer e finalmente conseguiu dar uma guinada na carreira. Entre 1973 e 1975, gravou três álbuns impregnados de funk raivoso e voz poderosa. Seu look era único, subversivo, tanto no palco como nas capas dos discos. Em três anos, explodiu e fez tudo sozinha: escolheu os músicos que a acompanharam no estúdio, escreveu e fez os arranjos de músicas como "Anti Love Song", "Your Mama Wants Ya Back", "They Say I'm Different" e estava, obviamente, à frente de seu tempo. Tinha uma visão criativa e pessoal do rock misturado com o funk. Em uma palavra: fusion.

Quem já havia ouvido músicas do gênero? Com certeza, não os produtores da época, que continuavam a dizer para ela mudar de comportamento, imagem, estilo. Não as rádios, que, devido à pressão exercida por alguns grupos religiosos e até pela NAACP (National Association for the Advancement of Colored People), se recusavam a colocar na programação músicas tão explícitas cantadas por uma mulher.

Como também lembra Carlos Santana, Betty Davis não estava disposta a se comprometer, conhecia seus feitos, sabia que tinha nas mãos algo novo, importante. É por isso que, no fim dos anos 1970, perderam-se os rastros do seu talento. O establishment musical lhe pedia que mudasse a própria natureza, virasse outra pessoa para perseguir o sucesso, mas Betty não aceitou, e preferiu abandonar.

Só muitos anos depois, no relançamento dos seus discos, o nome dela recomeçou a circular. O mundo finalmente estava pronto. O documentário de 2017, *Betty. They Say I'm Different*, percorre a carreira de uma mulher que, para dizer nas palavras de Miles Davis, "tornou-se Madonna e Prince antes de Madonna e Prince".

"Aceitei fazer esse filme porque pensei que era melhor que falasse agora que estou viva do que quando estiver morta." Betty Davis não mudou.

LAURIE ANDERSON

"Beautiful Red Dress"

I just want to say something
You know, for every dollar a man makes
A woman makes 63 cents
Now, fifty years ago that was 62 cents
So, with that kind of luck,
It'll be the year 3.888
Before we make a buck

em *Strange Angels*, 1989

Com o disco *Strange Angels*, no começo dos anos 1990, Laurie Anderson conseguiu sua segunda indicação ao Grammy na categoria Melhor Álbum de Música Alternativa. Naquele ano, o prêmio foi para Sinéad O'Connor, mas, para Laurie, já era um sucesso ficar entre as cinco finalistas. Aconteceu mais duas vezes, e a última, em 2019, valeu a estatueta na categoria Melhor Performance de Pequeno Ensemble por um trabalho ao lado de Kronos Quartet. Os anos passaram, mas a música dessa artista singular transcendia gêneros e modas. Na sexagésima primeira edição do Grammy, as mulheres premiadas foram tantíssimas, com diversas homenagens a divas do passado como Aretha Franklin, Janis Joplin e Roberta Flack. Houve apresentações de St. Vincent e Dua Lipa, os prêmios mais desejados foram para Kacey Musgraves e Cardi

B, que inclusive entrou para a história como a primeira mulher a vencer na categoria Melhor Álbum de Rap. Enfim, Michelle Obama ocupou o centro da cena com Jennifer Lopez, Alicia Keys, Lady Gaga e Jada Pinkett Smith: a ex-primeira-dama conta quanto a música sempre a ajudou a difundir suas ideias e como é um instrumento para compartilhar dignidade, tristeza, esperança e alegria. "Ela nos permite escutar-nos um ao outro: a música demonstra que tudo conta. Cada história em cada voz, cada nota em cada canção."

Exatamente trinta anos antes, Laurie Anderson havia transmitido a mesma mensagem em "Beautiful Red Dress", uma música que aponta o dedo para o problema da desigualdade salarial entre os gêneros quando nem mesmo existia uma definição. Na música, a autora, além de ironizar a disparidade de salário entre homens e mulheres, também se ofende com quem pensa que uma mulher nunca poderia ser presidente por conta da folha mensal. E hoje? "Do ponto de vista salarial, não me parece que tenha melhorado. Vejo falta de empatia e informação. É difícil mudar a mentalidade."

> ## Meu objetivo como artista é a liberdade.
> ### Laurie Anderson

Artista, apresentadora, musicista, diretora, narradora de história, como ama se definir, e com mais de setenta anos sua busca ainda não terminou. Cada novo trabalho é uma descoberta, uma contaminação entre arte, política e prazer. Uma paixão incontrolável, uma emoção aparentemente originada no caos foi o detonador que acendeu sua criatividade, em campos totalmente diferentes: em 2003, tornou-se a primeira artista a fazer uma residência na NASA e, em 2016, se apresentou em um concerto especial de baixa frequência estudado especialmente para os cães. "Não sei o que procuro, não coloco limites nem fronteiras na minha criatividade. Trabalhar na NASA me deu um gás e satisfez, quanto era possível, a minha curiosidade. Percebi que os artistas e os cientistas são iguais. Nunca se sabe exatamente o que fazem, mas a beleza está na base das criações e descobertas deles. Mesmo se o uso que se faz não siga sempre esse parâmetro."

Conhecida pelo grande público mais por suas incursões no pop do que pelos experimentos e projetos de artes cênicas, foi acompanhada na carreira inteira por um hit em particular:

"O Superman", composição minimalista com um uso amplo do vocoder, que na Itália foi usado nos comerciais da campanha contra a aids, nos anos 1980. Como recorda a autora Gillian G. Gaar, "se não fosse por 'O Superman', Anderson poderia ter permanecido desconhecida, menos para uma elite relativamente pequena do mundo da arte, em vez disso, assinou contrato com uma grande gravadora". Um passo realmente importante para quem transcorreu metade da vida consertando coisas, lendo manuais, modificando violinos, gravadores, experimentando uma gama infinita de possibilidades para voz e suportes eletrônicos: "Preciso saber o que fazem esses dispositivos e o que devo fazer quando quebram".

O que também lhe permitiu emergir da vanguarda para entrar no Olimpo do rock foi a união com Lou Reed, que ao encontrar a futura esposa descobriu um lado gentil de si, quase delicado, e em um minuto redefiniu sua imagem de homem inconstante e rabugento. Laurie, pouco aberta às páginas das revistas, sempre conseguiu guardar para si sua vida privada. A união deles era serena, criativa, baseada no respeito, um relacionamento que se reforçou com a partilha recíproca da música: "Lou e eu tocávamos juntos, nos tornamos melhores amigos e depois companheiros. Viajamos, escutamos e criticamos o trabalho um do outro. Contávamos piadas ridículas, paramos de fumar vinte vezes, combatemos e aprendemos a prender a respiração debaixo da água, fomos para a África. Cantamos ópera no elevador, fizemos amizade com pessoas improváveis, nos seguimos nas turnês quando era possível. Nós nos protegemos e nos amamos reciprocamente". Nenhum abuso de poder, cada um continuou a ser si mesmo sem atrapalhar os planos do parceiro. No fim dessa viagem juntos, Laurie prosseguiu na busca e na experimentação, com a mesma força e consciência que já há um tempo caracterizava todo o seu trabalho.

Depois de novas colaborações nos discos de colegas, e o trabalho cinematográfico sobre o luto *Coração de Cachorro*, em 2018 apareceu no documentário *Feministas: O Que Elas Estavam Pensando?*, de Johanna Demetrakas, uma visão geral sobre o feminismo dos anos 1970 e sobre os desafios a serem enfrentados hoje. Para a diretora, "'feminismo' parece ser a [*palavra*] mais assustadora do dicionário, mas não para aqueles que conheceram o despertar revolucionário que foi o assim chamado feminismo da segunda onda, nos anos 1970". Entre essas revolucionárias, Laurie Anderson presenteou a diretora, que então celebrava oitenta e dois anos, com o seu testemunho: "Eu gosto dos tabus e gosto de levá-los ao extremo e deixá-los interessantes e visíveis. Se conhecemos as regras, é mais fácil infringi-las e ser livre. Meu primeiro objetivo como artista é a liberdade".

KATHLEEN HANNA

BIKINI KILL

"Rebel Girl"

*That girl thinks she's the queen of the neighborhood
She's got the hottest trike in town
That girl, she holds her head up so high
I think I wanna be her best friend, yeah*

em *Pussy Whipped*, 1993

Se toda época tem o próprio hino, esse é, sem dúvida, o que acompanhou o movimento riot grrrl desde sua primeira aparição. "Rebel Girl" foi publicada em 1993, mas já havia alguns anos as Bikini Kill a tocavam nos shows, nos quais pela primeira vez foi permitido às mulheres chegar perto do palco sem o risco de acabar no chão com um empurrão muito forte de algum homem frenético.

Bikini Kill era o nome da banda de punk rock americana ativa principalmente entre 1990 e 1997. Na época, na formação estava o guitarrista Billy Karren (mas para me referir a grupos de pessoas, escolho o feminino ou o masculino com base no gênero mais representativo que os forma. Portanto as Bikini Kill, e também as 4 Non Blondes ou as Delta 5): com elas, uma geração de mulheres encontrou o próprio grito de batalha, um convite à solidariedade feminina, a não sentir vergonha dos próprios sentimentos e a começar uma revolução.

Mas para a cantora Kathleen Hanna não se tratava da primeira abertura ao tema feminismo. O disco anterior, *Revolution Girl Style Now*, ia exatamente na mesma direção: "Feels Blind", a terceira faixa do álbum, dava voz à sensação de inadequação e à frustração das mulheres. Era o início dos anos 1990 e soava natural se perguntar quantas coisas mudaram desde então, especialmente na indústria musical. Querendo ver o copo meio cheio, muitas. Carrie Browstein, da Sleater-Kinney, admitiu o forte impacto que as palavras de uma música como "Feels Blind" tiveram em sua formação: *As a woman I was taught to always be hungry / We'd even eat your hate up like love.*

> **Há sempre uma suspeita quanto à verdade de uma mulher: que você está exagerando.**
>
> Kathleen Hanna

Graças a Kathleen Hanna e a todas as bandas do movimento riot grrrl, as adolescentes dos anos 1990 recomeçaram a se interessar por temas como a paridade de gênero, o direito à autodeterminação e à luta contra o sexismo, o machismo, a discriminação e a violência. Fizeram de maneira diferente comparado às mães delas, mas sempre por uma música considerada rebelde e ameaçadora. Na América pós-Parental Advisory do começo dos anos 1990, havia quem continuava a lutar não só para conservar a própria liberdade de escrever e publicar, mas também para quem não acredita o suficiente em si mesma(o) para pegar um instrumento ou segurar um microfone. Fiel ao velho ditado punk *Do It Yourself*, Hanna encorajava as mulheres a se virarem sozinhas; trata-se de uma música autoproduzida, de um fanzine ou de uma apresentação ao vivo: "Queria dar vida novamente ao espírito feminista nascido nos anos 1970, desejava que aquele espírito permeasse as novas gerações. Ter contribuído para esse despertar é uma coisa que me orgulha: hoje as mulheres se sentem livres para levantar a voz e difundir os seus direitos".

All the girls to the front! e *We are Bikini Kill and we want revolution!* eram as frases com as quais a banda abria os shows. O pouco material em baixa qualidade gravado ao vivo foi reunido em *The Punk Singer*, o documentário de 2013 que enquadrou os momentos mais significativos da vida de Kathleen. Da estreia com o Bikini Kill às aventuras com The Julie Ruin e Le Tigre. No álbum de mesmo nome de estreia de Julie Ruin, Kathleen se inspirou na escritora e dramaturga feminista Hélène Cixous: na música "Crochet", além da ironia com a qual se refere à atividade feminina de fazer crochê, a autora canta sobre como as mulheres, no rock, continuam a ser consideradas uma entidade à parte. Com Le Tigre, o discurso não mudou, a sonoridade se abriu à dança. Mas o tipo de festa à qual Kathleen nos convidou acabou na última estrofe de "Hot Topic": um elenco de respeito que compreendia Gertrude Stein, Billie Jean King, Nina Simone, Ann Peebles, The Slits, Aretha Franklin, Joan Jett e muitas outras. "Fomos divididas por nossos rótulos e modos aparentemente diversos de ver o mundo, mas agora chegou a hora de nos apoiar umas às outras e nos aceitar enquanto mulheres."

Quanto aos homens, Hanna não acha que seja necessário "gostar" para irromper no mundo deles, mas entendeu que com alguns é possível fazer grandes alianças. Com os companheiros da banda, por exemplo, ou com o marido, Adam Horovitz, membro dos Beastie Boys, trio inicialmente conhecido pelo sexismo das letras: ainda em *The Punk Singer*, é a mesma protagonista que conta ter aceitado o cortejo do marido só depois de ter colocado as coisas claramente. Entre um véu de melancolia e o entusiasmo irresistível que a música comunica, o documentário termina com uma declaração de Kathleen Hanna que se sobressai: "Há esta convicção de que, quando um homem diz a verdade, aquela é a verdade. E quando, como mulher, digo a verdade, sinto que preciso negociar o modo como serei interpretada. Como se houvesse sempre uma suspeita quanto à verdade de uma mulher. A ideia de que você está exagerando".

Quando encontrei Kathleen em um festival depois do lançamento da biografia, a abracei por uma série de motivos que me parecia impossível listar. De verdade, eu não sabia se deveria ser mais agradecida por ter me dado a possibilidade de vestir pela primeira vez as roupas nas quais me reconhecia ou por ter em parte inspirado e sustentado as batalhas do coletivo russo Pussy Riot. "A longevidade é rara na música. Se há pessoas que me consideram um ponto de referência, não posso sentir outra coisa senão ficar feliz."

Enquanto escrevo, as Bikini Kill anunciaram um reencontro com uma série de lives nos Estados Unidos. *All the girls to the front, again!*

KIM GORDON

SONIC YOUTH

"Flower"

*Support the power of women
Use the power of man
Support the flower of women
Use the word:
Fuck
The word is love*

1985

Mais que uma música, um hino. O ano era 1985 e o Sonic Youth sintetizava rebelião e agressividade em um single que não pegou atalhos. Kim Gordon tocava uma sequência hipnótica no baixo com as distorções habituais de Thurston Moore enquanto a sua voz se tornava cada vez mais raivosa. Se a banda não seguia o cânone do punk, certamente o fazia nas intenções.

O Sonic Youth se formou quatro anos antes em uma Nova York que respirava arte nas galerias do Soho e ganhava um novo respiro depois da bolha new wave. Kim Gordon e Thurston Moore costuraram primeiro um relacionamento, depois uma convivência e, enfim, formaram a banda que em trinta anos de atividade os levou ao palco do cenário alternativo mundial. Uma carreira que de fora não conhecia rupturas ou reveses, uma banda bem variada, que tinha no centro o casal *power* do indie rock por excelência, que conseguiu transformar em arte e liberdade o próprio casamento. Mas a que custo?

Em 2015, Kim Gordon lançou a autobiografia *A Garota da Banda* e tirou algumas pedras do sapato. Um livro que é a prestação de contas de um casamento que se partiu em mil, mas também o testemunho dos desafios cotidianos que uma mulher enfrenta em um grupo de homens. "O Sonic Youth sempre foi uma democracia, mas cada um de nós tinha o próprio lugar. Eu me colocava no centro do palco, uma coreografia que se destacava há vinte anos: para as gravadoras de luxo, a música é importante, mas depende muito da aparência da mulher que está em cena, se ela captura os olhares dos homens e, se for insolente o suficiente, retribui olhando fixamente para o público."

Desde menina, Kim Gordon encontrou na arte uma direção, mas, quando entrou em uma banda, experimentou uma liberdade nova: fazer parte do mecanismo era muito mais divertido que ficar olhando de fora. "Os homens tocavam. Eu amava a música. Queria chegar o mais perto possível daquilo que os homens sentiam quando estavam juntos no palco, experimentar colocar o preto no branco daquela coisa invisível."

Os jornalistas eram covardes, porque se sentiam aterrorizados pelas mulheres.
Kim Gordon

Por sorte, nos anos 1970, as mulheres do punk estavam em condições de dar uma forte chacoalhada no patriarcado. Só na Inglaterra, Slits, Raincoats, Delta 5, Mo-dettes forneceram novos modelos a todas as mulheres habituadas a escutar os tons encorajadores de Stevie Nicks e Karen Carpenter, Heart e Suzi Quatro. Apesar disso, no começo, os jornalistas ficaram surpresos diante da mulher com o baixo do Sonic Youth: "A imprensa musical inglesa era quase inteiramente masculina; pessoalmente, os jornalistas eram covardes e evitavam todo o tipo de polêmica. Depois, voltavam para casa e escreviam coisas cruéis, discriminadoras e sexistas. Sempre pensei que fosse porque se sentiam aterrorizados pelas mulheres".

Graças a Kim Gordon, finalmente emergiu um novo modelo, uma mulher que não sorria por obrigação, concentrada no seu instrumento, totalmente indiferente a personificar aquele conceito de feminilidade que as grandes gravadoras gostavam tanto. "A nossa cultura não permite que as mulheres sejam livres como gostariam, porque dá medo. Aquelas que tentam são isoladas ou consideradas loucas. As cantoras que vão muito além e com muita violência geralmente não duram muito. São bêbadas, inquietas, cometas: Janis Joplin, Billie Holiday. Mas ser a mulher que coloca os limites mais para lá significa também mostrar os aspectos menos desejáveis de si mesma."

O que Kim Gordon não sabia no começo é que para milhares de fãs até o seu casamento era um modelo: realizada tanto no trabalho como na vida pessoal, artista, mãe, mulher. O quadro desmoronou no dia 14 de outubro de 2011, com um único golpe dado por um comunicado de imprensa lacônico: "Os músicos Kim Gordon e Thurston Moore, casados desde 1984, anunciaram a separação. O Sonic Youth continuará com a turnê na América do Sul com as datas de novembro e no palco estarão tanto Kim quando Thurston. Os projetos depois da turnê são incertos. O casal pediu que a privacidade deles seja respeitada e não fez mais comentários".

O eco da ruptura viajou pelos continentes acompanhado por uma pergunta: se aconteceu com eles, como podemos fingir que conseguiremos nos sair bem? Mas o que aconteceu com a união de uma década de Gordon-Moore foi a mais banal das histórias: "O casal que todos achavam perfeito, que dava aos músicos mais jovens a experiência de conseguir sobreviver à loucura do rock'n'roll, agora era só o enésimo clichê do fracasso de um relacionamento adulto: um homem em crise de meia-idade, uma outra mulher, uma vida dupla".

No lançamento da biografia *A Garota da Banda*, parte da imprensa apontou o dedo para a autora culpada de ter tornado públicas questões privadas que acabaram manchando a história do Sonic Youth. Mas o problema era, na verdade, a herança e a história musical da formação ou o que perturbava era o comportamento adolescente do ídolo deles, Thurston Moore? "Quando aparecemos no palco para o nosso último show, os únicos protagonistas pareciam ser os homens. Por fora, assemelhavam-se iguais a como haviam sido nos últimos trinta anos. Por dentro era outra história. Thurston deu dois tapinhas nas costas no nosso baixista. Achei aquele gesto tão falso, tão infantil, pouco real. Era um gesto para dizer ao mundo: 'Voltei. Estou livre. Estou sozinho'."

Thurston Moore levou algumas semanas para montar uma nova banda e uma vida a dois com outra companheira. Kim Gordon precisou de um pouco mais de tempo, refletir sobre o que guardar e o que jogar fora, recomeçar sem pegar estradas já gastas, acreditar ainda em si mesma, apesar da descoberta de ter confiado por muito tempo em uma mentira. A arte, a escrita e a música continuaram sendo para ela um porto seguro em que atracar depois da tempestade.

M.I.A.

"M.I.A."

You don't get my life 'cause I don't have a side and I
Spread out boy I'm a mile wide and I
Got brown skin, I'm a west Londoner
Educated, but a refugee still

em *Arular*, 2005

M.I.A. é a faixa escondida do álbum de estreia de Mathangi "Maya" Arulpragasam, rapper britânica de origem tâmil. Levava o nome do seu pseudônimo, um acrônimo com o qual Maya começou a se aproximar da música. É um rap escrito do ponto de vista de um jovem imigrado, com a pele escura e dificuldades evidentes em ser aceito por uma sociedade que persegue o dinheiro e um modelo estereotipado de beleza. Uma história que a moça conhecia bem: nascida em um subúrbio de Londres, mas crescida entre o Sri Lanka e a Índia, quando, na segunda metade dos anos 1980, voltou para a Inglaterra com a família, Maya não falava inglês e não conhecia a cultura ocidental: "A música era o meu remédio, tinha de enfrentar o fato de ser diferente, uma imigrada".

A jovem contou a própria experiência nessa música, mas o disco inteiro de estreia era centrado na sua vida até aquele momento: uma família fugindo da guerra e um pai, há muito inacessível, que deu o nome à obra-prima dela: *Arular*. Arular também foi o fundador do Eelam Revolutionary Organisation of Students (EROS), um movimento político filiado ao Liberation Tigers of Tamil Eelam (LTTE), o grupo de resistência que se rebelou contra o governo do Sri Lanka para obter o reconhecimento do estado independente tâmil. "Sou feliz pelo que nos fez ser, suas escolhas de vida nos deixaram fortes, corajosos. Não éramos ricos e não estávamos no fundo do poço, e hoje somos independentes."

Para Maya, era impossível separar as rimas da política e da denúncia social. Se durante a adolescência eram as músicas pop da rádio que a confortavam, foi o rap que lhe forneceu os instrumentos para que fizesse seu caminho na vida. "O hip-hop é baseado no ritmo, e portanto é universal: mesmo que não entenda a língua, pode compreender a música, a dança, o estilo ou o comportamento. O hip-hop me deu uma casa, uma identidade, era a forma de rebelião mais viva na Inglaterra da época."

Maya encontrou os instrumentos para sua arte entre os bancos do Central Saint Martins College of Art and Design de Londres, ponto de referência para a criatividade, e nos discos de Roxanne Shanté, Missy Elliott, mas também de Slits e Madonna. Segundo a escritora e produtora Mimi Valdes, as portas do hip-hop começaram a se abrir às mulheres justamente quando Roxanne Shanté lançou um disco em resposta a uma música do UTFO, que criticava uma mulher porque resistia às investidas do grupo: "Antes de 'Roxanne's Revenge', nenhuma mulher tinha tratado a questão do sexismo e da misoginia no hip-hop. Roxanne tinha criado um movimento. Outras MC mulheres a seguiram em definir uma posição respeitável para si mesmas no rap".

A pior coisa que podem fazer com você é torná-la irrelevante.

M.I.A.

Maya se fortaleceu com as batalhas de quem a precedeu, não cedia o controle do próprio trabalho, criava alianças e pela arte definia sua identidade, complexa, dividida entre experiências pessoais e crítica política: "Por que não me calo e me limito a escrever músicas? Se ficasse quieta, acabaria muito mal. Porque é isso que acontece quando não você não exprime o que tem dentro de si. Não acho que posso mudar uma legislação inteira com uma música, faço mais para estimular o debate".

E o debate se abriu, sobretudo graças aos clipes dos seus singles que a mídia se recusava a transmitir porque eram considerados excessivos e perturbadores. Em "Born Free", contou uma história de genocídio, em "Borders", recordou os anos como refugiada e ficou ao lado dos migrantes, em "Bad Girls", falou sobre as mulheres árabes às quais só foi permitido dirigir recentemente. "Matangi é a divindade que representa no hinduísmo a música que a liberta da palavra. Acredito que também as mulheres podem ser deusas e sobretudo cuidar de coisas importantes, como a liberdade da palavra, música, arte e manipulação."

Segundo a jornalista Ann Powers, há uma diferença substancial entre as batalhas por inclusão, o reconhecimento das diferenças pelas quais M.I.A. se sentiu responsável e aquela dos artistas que a precederam. O Clash, por exemplo, nunca teve grandes problemas para ser considerado confiável como músicos, mesmo assim se tratava sempre de jovens de periferia que enchiam as músicas de mensagens políticas e histórias difíceis vividas em primeira pessoa. Mas quando é uma mulher que aborda essas temáticas, a imprensa coloca em dúvida a autenticidade de suas intenções: em 2010, no *New York Times* apareceu um retrato contraditório da artista, criticada pelo seu estilo de vida considerado muito distante do ativismo político.

Como prova da militância e do empenho que desde sempre marcaram o trabalho da primeira tâmil a ter notoriedade mundial, em 2018 saiu o documentário biográfico *Matangi/Maya/M.I.A.*, dirigido por Steve Loveridge, que não se concentrava somente na música de M.I.A., mas no seu empenho em levar ao grande público a história de uma comunidade esmagada: "A pior coisa que podem fazer com você é torná-la irrelevante. Se puder usar um microfone, use-o para dizer alguma coisa". A missão de M.I.A. é aquela de dar voz a quem não tem, e no documentário a mensagem foi alta e clara: resistir, manter a própria integridade e honestidade a qualquer custo: "Remover as vozes individuais, não escutar todas as histórias, menosprezar na censura é perigoso. Minha identidade vem de muitas comunidades, pessoas, sons, experiências e níveis. Quando apareci, não conseguiam me colocar nem na música internacional, nem no rap, nem no R&B. Eu mesma tive de criar um modelo, ser forte e revolucionária mesmo quando não havia muitas pessoas que acreditavam em mim".

BETH DITTO

GOSSIP

"Heavy Cross"

*It's a cruel, cruel world to face on your own
A heavy cross to carry along
The lights are on but everyone's gone
And it's cruel*

em *Music for Men*, 2009

É um mundo cruel para enfrentar sozinhas. A história pessoal de Beth Ditto está aí para lembrar: uma infância difícil, as dificuldades econômicas, os abusos. E, mesmo assim, quem aprendeu a conhecer a cantora norte-americana por meio das músicas, dos shows, das entrevistas sabe que não existe argumento que ela não consiga desdramatizar com uma piada. E não é só questão de suprir com humor a carência de ser atraente, porque, também nesse caso, Beth Ditto tem muito a nos ensinar.

"Heavy Cross" é uma música tirada de *Music for Men*, uma provocação, segundo Beth: "Queríamos ironizar o papel das mulheres e dos homens na sociedade. Parecia certo apresentar nossas ideias, obviamente não só para o gênero masculino". As músicas da artista estadunidense falam de amor, alegria, derrotas, batalhas sociais, temas universais, mas quando o Gossip irrompeu na cena no fim do século passado, a atenção estava toda concentrada na vocalista da banda, uma mulher que se definia gorda, lésbica e feminista.

A aparência de Beth Ditto parecia interessar mais do que a música, seu corpo e todas as declarações terminavam na primeira página. A jovem do Arkansas aceitou o desafio e usou o palco para difundir as próprias ideias quanto aos corpos e à identidade de gênero: "As artistas que amo, como Siouxsie e Patti Smith, tinham uma maneira diferente de encarnar a feminilidade, mesmo continuando como mulheres consagradas no punk. O verdadeiro coração do feminismo não é aquele de satisfazer as expectativas dos outros em volta do seu corpo ou do seu gênero". Beth não respondia aos cânones de uma beleza tradicional, não era obcecada pelos tamanhos menores e não exibia os quilos como um valor, simplesmente o aceitava. Sua missão é fazer com que também os outros a aceitem.

No Gossip, eu era mais importante do que achava.
Beth Ditto

A partir de 2007, a campanha contra o que Beth Ditto chama de "o fascismo do corpo" se inflamou quando o semanal inglês *NME* a trouxe nua na capa. O debate foi aberto, havia quem ficava distante e comparava a foto àquela de corpos magérrimos – ambas as modelos estavam erradas para os críticos – e quem aplaudia. Entre esses, a escritora e historiadora feminista Germaine Greer: "Neste momento, é a mulher de maior tendência do planeta e ofereceu à *NME* a sua imagem. Uma foto que chama a atenção sem ser obscena. A intenção é forçar a aceitação do seu corpo para desafiar o imaginário convencional das mulheres".

Em 2009, Beth Ditto se concedeu o bis posando nua na capa da revista de moda, estilo e cultura *Love*. Para a jornalista do *Guardian* Emily Hill, aquela capa não provou que a moda tinha aceitado modelos diferentes, mas era simplesmente uma distração antes que os corpos magros voltassem. Não tinha todas as razões, as incursões para evitar que isso acontecesse devem ser repetidas e constantes, e Beth Ditto não recuou: ainda em 2009, lançou sua primeira coleção de roupas plus size, desfilou na passarela para Jean Paul Gaultier, Marc Jacobs e Versace e fez uma colaboração com a Mac Cosmetics para uma linha de maquiagem. "Ser obesa estimula a minha criatividade para me vestir. Estilistas e grandes marcas ainda estão um pouco relutantes em introduzir coleções para mulheres plus size, mas nós seguimos em frente, não precisamos da permissão deles. Para as garotas mais jovens, é realmente importante ter modelos em quem se espelhar e que transmitam a elas a convicção de poder realizar esse ou aquele outro desejo independentemente do peso ou da aparência."

Não era tão simples, nunca foi. Mesmo quando os jornais começaram a aceitar as curvas de Beth Ditto e a inseriram em rankings de sensualidade, no pódio sempre subia a modelo Kate Moss. Como escreveu Naomi Wolf, no livro *O Mito da Beleza*, "uma cultura fixada na magreza feminina não representa uma obsessão para a beleza feminina, mas sim pela obediência feminina. A dieta é o mais potente sedativo político da história das mulheres".

Escutar o que Ditto tem a nos dizer é importante porque ensinar as mulheres a aceitar o próprio corpo e a se cuidar é ainda uma proposta revolucionária em uma sociedade que tende a desfrutar da insegurança que experimentamos com relação a nós mesmas. Porém, Beth minimiza isso: "Absolutamente, não me sinto um ícone. Gostaria só de passar uma mensagem por meio de mim, dos meus discos: sejam vocês mesmas em todas as ocasiões e sintam-se seguras do que fazem. Sempre".

Louca, incontrolável, potente, no palco Beth não economizava, se oferecia ao público, o estimulava, se divertia e divertia os outros em um show que se referia explicitamente a modelos: "Devo muito às riot grrrls, é graças a elas que posso fazer o que faço hoje. Agora devemos preparar o terreno para as mulheres que no futuro vão querer fazer música, na esperança de que sejam julgadas pelo talento delas, e não pela aparência. Talvez serão necessários mais vinte anos, mas cedo ou tarde acontecerá".

Em 2016, a separação da formação a colocou diante de outro desafio: se virar sozinha. "Quando as músicas começaram a nascer, entendi que no Gossip eu era mais importante do que achava. Justamente eu, que sou tão feminista, atribuía todo o mérito a um homem". Era só o começo. Quando dois anos mais tarde Gus Van Sant lhe ofereceu o papel de Reba no filme *Don't Worry*, pensou não estar à altura, mas mudou de ideia: "Conheço muitas mulheres do Sul, fortes como Reba, portanto, para mim não foi difícil me identificar. No filme, vesti roupas que levei de casa e usei meu penteado de sempre. Na minha mente, foi um modo de acender os refletores sobre todas as mulheres que fizeram parte do meu passado".

PITTY

"Desconstruindo Amélia"

Ela foi educada pra cuidar e servir
De costume, esquecia-se dela
Sempre a última a sair
Disfarça e segue em frente
Todo dia até cansar
E eis que de repente ela resolve então mudar

em *Chiaroscuro*, 2009

Em 2009, a musicista brasileira Pitty lançou seu terceiro álbum de músicas inéditas, e o título era *Chiaroscuro*, como a técnica com que o gênio italiano Leonardo Da Vinci trazia à luz detalhes de uma obra pitoresca ressaltando luz e sombra. Em seu disco, Pitty pegou essa prática emprestada para evidenciar o branco e o preto das suas músicas, habilidade que encontrou a sublimação em "Desconstruindo Amélia". A letra fala da batalha cotidiana de uma mulher em busca da própria identidade, em conflito perene com os deveres de filha, esposa e mãe. A mulher que Pitty retrata é o produto de uma sociedade repressora, cujos fundamentos se apoiam em uma cultura patriarcal. Em 2016, a música se tornou objeto de estudo entre os estudantes do Instituto de Letras da UFBA, que publicaram as próprias considerações em um artigo da revista *Hyperion*: "No decorrer do percurso, a Amélia, antes estagnada em uma vida servil, torna-se o sujeito que rege o seu destino, transformando sua existência e assumindo valores outrora inexistentes e, por conseguinte, apossa-se do objeto que tanto almejava – liberdade social. Os traços semânticos que foram constatados nas tematizações e figurativizações possibilitaram uma leitura dos temas: obrigações uxorianas, desigualdade salarial, entre outros, que se concretizaram nas figuras: mulher/esposa, sociedade, entre outros".

Não era a primeira vez que Pitty abordava esses temas e não seria a única. Mais de dez anos depois da difusão da música, parece que todos os esforços feitos pelas mulheres para ocupar o mesmo lugar à mesa que desde sempre cabia aos homens foram exterminados por uma pandemia que em 2020 deixou o mundo de joelhos, acertando, como sempre, os elos mais fracos da engrenagem. Como recorda a jornalista e ativista inglesa Laurie Penny, "nos períodos de crise econômica, quando o tecido social se despedaça, são as mulheres que vão para a frente para remendá-lo. Na geopolítica e na vida particular, os homens sujam e logo chegam as mulheres para limpar: além do mais, esperam que o façamos sem reclamar, porque alguém deve fazer". As mulheres sempre trabalharam em casa, o trabalho essencial para o funcionamento cotidiano de toda a comunidade e de todo o núcleo familiar do planeta é aquele de cuidar uns dos outros: cuidar dos pais idosos, criar os filhos, alimentar a todos. É um trabalho mal pago e, na maioria das vezes, feito pelas mulheres. A estima quanto ao verdadeiro valor do trabalho

> **O feminismo é bom para os homens também, para a sociedade, pois se trata de igualdade, não de supremacia.**
> **Pitty**

não retribuído das mulheres o coloca entre os dez e os trinta e nove por cento do PIB de quase todos os países desenvolvidos: um percentual superior àquele representado por manufatura, comércio ou transporte. "A verdade é que os homens ainda querem as donas de casa. Nessa última década, a taxa de mulheres que trabalham fora aumentou até se igualar à dos homens, mas a cota de trabalho doméstico feito pelos homens não aumentou proporcionalmente. A divisão desigual do trabalho doméstico é a última batalha ainda a ser lutada para a libertação da mulher. No passado, era impossível combatê-la, porque acontecia nas cozinhas, atrás das portas dos quartos, enfim, no quadro de relacionamentos privados e individuais que bloqueia toda a forma de organização coletiva para as mulheres."

Se hoje esses cenários emergiram inclusive em países mais relutantes em reconhecer o trabalho "invisível" das mulheres, é também graças a artistas como Pitty, desde sempre na linha de frente quando se trata de direito inalienável. Na sua estreia, quando o feminismo não era um tema comum de ser encontrado na letra de uma música, Pitty contou que se viu muitas vezes sendo a única mulher em um ambiente governado por homens em que, inclusive, as palavras geravam caos. Naquele tempo, fazer confusão entre feminismo e machismo era a ordem do dia; muitos homens imaginavam que deveriam defender o território das mulheres enfurecidas e revoltadas quando, em vez disso, a batalha havia sido sempre somente uma: direitos iguais independentemente de gênero, orientação sexual, cor da pele e classe social. "Hoje falamos mais sobre isso. Ao mesmo tempo, ideias que são absolutamente retrógradas e que parecem absurdas de ainda serem discutidas em 2020 volta e meia estão na pauta. O feminismo não é só bom para as mulheres, para os homens também, para a sociedade, pois se trata de igualdade, não de supremacia. O machismo oprime os homens também. Acho que no dia que eles perceberem isso, vai ser uma grande revolução."

Se vinte anos atrás conseguir o centro do palco ou o lugar atrás da mesa de som do palco ou do estúdio para uma mulher poderia ser motivo de riso, hoje a mudança está ocorrendo pelas mãos de organizações como She Is The Music, Shesaid.So e Sound Girls, redes globais e independentes que operam para garantir recursos e apoiam as mulheres que trabalham na música. Partindo daqueles ridículos cinco por cento que representam as mulheres ativas como engenheiras de som, Sound Girls procura todos os dias ampliar as oportunidades na produção de áudio profissional, a fim de que a aspiração possa se transformar em carreira. Mas, como nos lembra Shesaid.So – comunidade presente em diversas nações que representa a minoria de gênero na indústria –, estamos só no início de uma revolução que mira em reconhecer os desafios mais complexos que grupos de mulheres posteriormente marginalizadas devem enfrentar, além do gênero delas, por causa das próprias origens, da identidade sexual, das nuances culturais, da fé. A abordagem interseccional está, portanto, na base da missão inteira.

"A gente não pode construir um feminismo com base em uma mulher, porque nós temos privilégios diferentes e a gente tem que rever nossos privilégios. Eu, hoje em dia, sou muito mais protegida do que a maioria das mulheres. Então, eu não posso olhar só para a minha condição de mulher, eu tenho que olhar para a condição das outras, tenho que dar vazão à voz das outras, que passam por diferentes situações." Pitty não recua nem um pouco quando se trata de explicar a importância do movimento interseccional hoje. Suas palavras tocam os nervos à flor da pele de uma comunidade oprimida em busca de emancipação. No entanto, nem todas as mulheres passam pelas mesmas experiências: as mulheres negras, além do machismo, enfrentam ainda o racismo. As mulheres indígenas sofrem episódios de machismo e continuam a lutar pela própria terra, enquanto as mulheres trans lutam para obter o reconhecimento da própria identidade. "Embora pareça que há uma 'Olimpíada de opressão', o que acontece é que as mulheres têm necessidades diferentes, e reconhecê-las é um ponto de partida para combater as injustiças, construir leis que contemplem suas questões e, assim, formar uma sociedade mais inclusiva e que respeite as mulheres. Todas elas."

TRACY CHAPMAN

"Woman's Work"

Early in the morning she rises
The woman's work is never done
And it's not because she doesn't try
She's fighting a battle with no one on her side

em *Matters of the Heart*, 1992

"Woman's Work" é uma faixa do terceiro disco de Tracy Chapman. Tinham se passado quatro anos da estreia fulgurante, homônima, e três de *Crossroads*. A cantora norte-americana continuava a escrever e produzir seus trabalhos, mas *Matters of the Heart* não teve o mesmo sucesso dos dois primeiros. Não há nada que diferencie o último álbum dos anteriores na essência; a força e o empenho eram os mesmos. Também aqui, a autora estava, como sempre, do lado das mulheres, porque, conta, quando lutam as suas batalhas cotidianas são frequentemente deixadas por si só. *She rises up in the morning / And she works 'til way past dusk*: o trabalho de uma mulher nunca acaba.

Tracy Chapman estava do lado das mulheres desde o primeiro single, "Fast Car". Com um pouco mais de vinte anos, contava histórias de marginalização social, mães que criam os filhos sozinhas e companheiros ameaçadores como em "Behind the Wall": *Last night I heard the screaming / Loud voices behind the wall /*

Another sleepless night for me / It won't do no good to call / The police always come late / If they come at all.

Tracy Chapman colocava sua música a serviço dos mais fracos, dos menos fortunados, dos rejeitados: "Acho que um artista tem o dever de usar a arte que possui para apoiar as batalhas em que acredita". Durante a carreira, participou de dezenas de concertos ligados à defesa dos direitos civis e sociais ao lado de Anistia Internacional, Nelson Mandela, Make Poverty History, amfAR, aids/LifeCycle. "Sou contatada por muitas organizações, diversas pessoas querem que eu apoie o esforço caridoso delas de algum modo. Tento fazer o que posso. Tenho um certo interesse pelos direitos humanos."

Desde que pegou um violão pela primeira vez, Tracy sabia que havia um caminho entre o que acontece nas estradas e quem não pode ou não quer ver. A sua consciência política se formou nos bancos da escola: "Havia estudantes e professores politicamente empenhados. Discutia-se sobre assuntos sérios, como o descarte dos resíduos nucleares ou a incrementação das armas nucleares". Foi justamente durante a universidade que a cantora e compositora de Cleveland impressionou amigos e estudantes, e um em particular, Brian Koppelman, percebeu antes de todos os outros o potencial dela. Tímida e modesta, com uma única música para uma compilação de uma revista folk, Tracy Chapman assinou com a Elektra. Dois anos depois de se formar, se viu no ranking, em um momento em que o pop corria na direção oposta das baladas para violão e voz: "Sinceramente, nunca teria pensado em ter sucesso. Tinha certeza de que na indústria discográfica não havia lugar para mim".

Escolhi renunciar à fama.

Tracy Chapman

A voz confiável de Tracy levou aos ouvidos dos jovens do fim dos anos 1980 a persistência da contracultura que duas décadas antes havia inflamado seus pais nas notas da palheta de Joan Baez, Judy Collins e Joni Mitchell. A jornalista Elysa Gardner se lembra bem da "afro-americana de vinte e quatro anos com um look modesto e um comportamento tímido e sóbrio. Chegou como um meteoro com seu primeiro disco, uma coletânea de gemas brutas acústicas, que exibia uma voz profunda e sonora e uma capacidade de comentar os dilemas sociais e românticos com paixão e dignidade eloquentes".

O público de Tracy Chapman decorou rápido a letra de "Talkin' 'Bout a Revolution", uma música que, a mais de trinta anos do lançamento, ainda faz os políticos competirem durante as campanhas eleitorais. Uma música que fez sucesso imediatamente, naquele mix irresistível de introversão e voz enxuta e direta: quase imóvel de jeans e camiseta preta, Tracy Chapman encantou o público com a intensidade de suas execuções. Porém, quando se tratava de administrar a fama, a artista mostrava certa desconfiança, preferia não se expor demais: "Canto histórias pessoais, mas nunca autobiográficas. A indústria musical é implacável, o pop é considerado uma linguagem leve, sem muitas complicações: se canta sobre o amor e basta, o mercado quer assim, mas eu não concordo, sou uma cantora de histórias e narro a vida em todas as suas nuances. Sentimentos, é claro, mas também injustiça, violência, memória".

Os rumores sobre seu relacionamento, no começo dos anos 1990, com a escritora e ativista feminina Alice Walker, prêmio Pulitzer pelo romance *A Cor Púrpura*, foi a única interferência da imprensa que a cantora e compositora de Ohio não conseguiu evitar. Tirando esse único episódio, não houve outras concessões aos jornais. "Escolhi renunciar à fama. Não acho que sou muito boa em gerenciá-la." Muitos reconheceram o motivo das vendas decepcionantes dos trabalhos sucessivos dela que, desde 2008, parou de lançar material inédito, nesse relacionamento difícil com o sucesso. "Todo artista tem o direito de contar o que quiser, mas sem impor sua mensagem. É o que faço para viver."

Tracy Chapman se apresentou ao seu público como era, desafiando normas e convenções, e no abraço dos fãs encontrou energia para contar histórias por meio de músicas novas e autorais, melodias simples e letras escritas para ficar, escancarando as portas para uma nova época de cantoras e compositoras. Afinidade política e independência criativa equiparavam Tracy às Indigo Girls, uma dupla folk rock de Atlanta que assinou um contrato com a Epic depois das estreias bem-sucedidas de Chapman, e também Suzanne Vega e 10,000 Maniacs chegaram dessa experiência. Nesse mesmo plano, Ani DiFranco, no começo dos anos 1990, se revelou a verdadeira herdeira da tradição folk americana. Artista incrivelmente produtiva, feminista com orgulho, as letras de Ani atacam racismo, sexismo, homofobia, pobreza, guerra: "A música e a arte são o começo de toda revolução, podem mudar a maneira com que olhamos o futuro e, sobretudo, nos dão uma esperança, uma visão: antes dos cientistas, antes dos políticos, os artistas presenteiam as pessoas com uma perspectiva".

WANDA JACKSON

"Hot Dog! That Made Him Mad"

*Oh, late, last night, when I came in
He demanded to know just where I'd been
But I really put him right in his place
Instead of an answer, I laughed in his face
That made him mad*

em *Rockin' with Wanda*, 1960

Em 1960, a Capitol Records lançou o segundo disco da musicista americana Wanda Jackson. Tratava-se de uma coletânea dos singles que nos últimos meses tinham ficado nos lugares mais altos do ranking. No entanto, havia uma discrepância substancial entre as músicas contidas no álbum e a capa: enquanto as primeiras eram diretas, insolentes, quase excêntricas, o clique que se destacava era o retrato mais encorajador em que se podia pensar, uma mulher sorridente sentada no chão, apoiada em um balanço. Um quadro de docilidade meiga que parecia ter saído de um manual de economia doméstica dos anos 1950.

Wanda Jackson não tinha nada a ver com aquela foto nem com a imagem daquela garota rebelde que consegue infringir os tabus da própria época. Wanda era simplesmente uma garota com a guitarra que amava a música a ponto de querer fazer dela uma profissão. "De um lado sou boa, do outro, má. Parece que era essa imagem que a minha nova geração de fãs tinha de mim. Era como o título do documentário que saiu sobre a minha vida: *The Sweet Lady with the Nasty Voice*. Talvez eu me transforme em outra pessoa quando canto essas músicas."

O coração do rock'n'roll é a energia, uma carga primordial filha do blues que se difundiu entre os anos 1940 e 1950 na América, contando histórias de vagabundos pelo país de protagonistas geralmente homens. Quando, no fim da Segunda Guerra Mundial, os homens voltaram para casa, as mulheres também foram obrigadas a abandonar as fábricas, o trabalho e voltar ao amparo do lar. Foram chamadas às ordens de livros como *Modern Woman. The Lost Sex* de 1947: só um retorno aos valores tradicionais e aos papéis de gênero reestabeleceria "o equilíbrio interior da mulher". Para nossa sorte, as pioneiras do rock estavam mais interessadas em estabelecer um equilíbrio de gênero na música. Não era algo fácil, a maior parte das garotas que descobriam ter uma propensão ao folk e ao country não tinha a possibilidade de ir além de um casamento e da maternidade. De muitas se conhece apenas o nome ou se lembram de músicas que não tiveram uma difusão comparável àquela dos colegas.

Viajar e ter a companhia de pessoas. Não consigo pensar em uma vida melhor que essa.

Wanda Jackson

Depois, mais ou menos na metade dos anos 1950, graças ao advento de Elvis e do rock'n'roll, parecia que as coisas poderiam ter uma tendência diferente. Em 1952, Alan Freed, um DJ de Cleveland conhecido por ter inventado o termo "rock'n'roll", apresentou e promoveu o primeiro show de rock da história, e a cantora R&B Varetta Dillard estava escalada. Em 1953, Ruth Brown, no alto do ranking R&B com "(Mama) He Treats Your Daughter Mean", abriu o caminho para a Atlantic Records. No mesmo ano, "Big Mama" Thornton fez um enorme sucesso com "Hound Dog", chamando a atenção de um menino do Mississippi chamado Elvis. Em 1954, a segregação escolar foi declarada inconstitucional pela Corte Suprema dos Estados Unidos e no ano seguinte uma mulher chamada Rosa Parks foi presa, em

Montgomery, Alabama, por ter se recusado a dar o seu lugar no ônibus a um homem branco. Naquele mesmo ano, estreou em Memphis WHER, a primeira emissora de rádio composta quase exclusivamente por mulheres, como a locutora Vida Jane Butler. Ainda em 1955, Wanda Jackson encontrou Elvis Presley, que a convenceu a passar do country ao rockabilly.

Pela primeira vez, um gênero até aquele momento considerado só para os homens se abriu para uma mulher, mas Wanda percebeu bem cedo que não há muitas músicas adequadas para uma mulher, e assim começou a compor as próprias canções, como "Cool Love" ou "Rock Your Baby". Também se libertou em uma versão de "Let's Have a Party", já levada ao sucesso por Elvis: *Some people like to rock, some people like to roll / But movin' and a-groovin's gonna satisfy my soul*. E em "Hard Headed Woman" recomendava: *Keep your cotton pickin' fingers out of my curly hair*.

Com a cumplicidade de outras protagonistas menos conhecidas daquele tempo, Wanda Jackson ensinava rock'n'roll de outra perspectiva: na metade dos anos 1960, percebeu que o rockabilly perdeu o impacto do início, assim se refugiou no country em tempo integral. Colecionou turnês pelo mundo, passou dos limites no gospel, jurou não beber mais uma gota de álcool e nunca se desculpava por suas escolhas. Em 2009, entrou para o Hall da Fama do Rock & Roll na categoria Primeiras Influências pela sua contribuição ao desenvolvimento da música popular.

Quando ciclicamente seu estilo reapareceu no mercado porque os artistas mais jovens se deparavam com o seu nome, Wanda Jackson não recuou: *The Party Ain't Over*. Assim se intitula o disco que a via ao lado de Jack White, onze faixas em que ela reinterpretava músicas de Johnny Cash, Bob Dylan, Amy Winehouse com a produção vigilante do ex-White Stripes. "Estava tão carinhoso e relaxado, que eu quis logo contentá-lo, precisava fazer o que ele dizia. Se de vez em quando quiser um conselho meu, pode pedir. Senão, fazemos como você disser. Aquelas palavras o fizeram se sentir livre, é por isso que o álbum ficou realmente bom. Ele queria simplesmente que eu fosse mais Wanda do que nunca. E parece que funcionou."

Com mais de oitenta anos e mais de sessenta da estreia, a rainha do rockabilly continua a se apresentar ao vivo e a projetar novas colaborações com artistas do rock que não veem a hora de homenagear o profissionalismo e a capacidade pioneira de se impor em um ambiente governado por homens: "Não poderia desejar mais, ganhar a vida fazendo o que amo, cantar, viajar e ter a companhia de pessoas por toda a vida. Não consigo pensar em uma vida melhor que essa".

PUSSY RIOT

"Mother of God, Putin Put!"

SБогородица, Дево, стань феминисткой
Стань феминисткой, феминисткой стань
Virgin Mary, Mother of God, become a feminist
Become a feminist, become a feminist

em *Kill the Sexist!*, 2012

No dia 21 de fevereiro de 2012, um grupo de garotas com balaclava e collant colorido invadiu o altar da Catedral de Cristo Salvador em Moscou, com a intenção de fazer uma oração laica e punk a Nossa Senhora. A polícia interveio imediatamente, a guitarra, como descobriremos depois, não tinha sequer amplificador, a banda se dispersou e a performance durou só alguns segundos. Isso bastou para as autoridades russas identificarem e prenderem, poucos dias depois, três jovens e acusá-las de vandalismo. Era um dia de forte protesto contra a reeleição de Vladimir Putin, e as Pussy Riot, um coletivo punk feminista nascido em Moscou, em agosto de 2011, também estavam protestando contra supostas fraudes eleitorais e irregularidades: "Provocamos para chamar a atenção para os direitos negados. E procuramos fazer isso de modo divertido".

A estética e a atitude punk, mas também a audácia e a força revolucionária toda feminina do movimento americano riot grrrl, eram força e cola de toda forma de protesto. Muito mais que o Sex Pistols, quem influenciou as Pussy Riot foram as formações como Bikini Kill e Bitch and Animal, com o "Pussy Manifesto: Let Pussy Manifest and Let Freedom Sing!". Inspiradas por esses movimentos, um grupo de cidadãs colocou em risco a própria liberdade gritando ao mundo que no país delas havia algo errado, mas na Rússia gigante, sexista, homofóbica e devota a Deus e a Putin, o feminismo e o punk nunca haviam ganhado raízes, ao menos não até aquele momento.

"Sempre acreditei no poder revolucionário da música. Vivi o advento do punk como a intersecção (im)perfeita entre o desejo de energia pop e uma forma de oposição radical e explícita. É o límpido essencialismo da mensagem e do estilo expressivo das Pussy Riot que impressionou a mim e às minhas colegas." No momento mais crítico do coletivo, quem foi a campo e as defendeu foi Amy Scholder, que durante seis anos foi diretora editorial da Feminist Press, organização educativa nova-iorquina sem fins lucrativos fundada para promover os direitos das mulheres e ampliar as perspectivas feministas.

> **A liberdade não existe se não lutarmos todos os dias.**
> Pussy Riot

A partir daquele dia de fevereiro e da prisão, o coletivo começou a ocupar cotidianamente as páginas dos jornais e a voz delas passou a ser reconhecida dentro e fora das fronteiras do Estado. Porém, fama e sucesso não têm nada a ver: para Marija Alëchina, Nadežda Tolokonnikova e Ekaterina Samucevic a liberdade estava em jogo. Masha, Nadia e Katia foram acusadas de vandalismo motivado por ódio religioso e hostilidade, e por isso condenadas a dois anos de reclusão. Na apelação, no dia 10 de outubro de 2012, Katia conseguiu a liberdade condicional – o que a salvou foi aquela guitarra que não conseguiu ligar a tempo no amplificador –, enquanto Masha e Nadia foram transferidas para as colônias penais na Sibéria e na Mordovia, quase até o fim da pena.

As músicas, poesias e cartas da prisão das meninas, os atos do processo e o documentário *Pussy Riot. A Punk Prayer* parecem delinear uma história surreal, mas é tudo verdade. Porém, a reação incrivelmente violenta do governo diante de uma pregação punk atraiu a desaprovação da comunidade internacional: intercederam pelas Pussy Riot a Anistia Internacional, a União Europeia, musicistas como Björk, Kathleen Hanna, Courtney Love, Kim Gordon, Yoko Ono; Peaches escreveu uma música sobre as meninas; Patti Smith trouxe para a causa Federico García Lorca, poeta espanhol assassinado pelos franquistas em 1936; Madonna fechou a turnê na Rússia com uma balaclava na cabeça e a escrita "Pussy Riot" nas costas. O vice-*première* Dmitry Rogozin não levou na boa e revelou a verdadeira face da opressão em um tweet: "Todas as ex-putas, com a idade, começam a dar lições de moral. Especialmente em turnê do outro lado do oceano". Era contra eles que as Pussy Riot lutavam, armadas de um dos gêneros mais subversivos da história da música.

Naquele dia, as mulheres ocuparam o altar de uma igreja ortodoxa, dedicada histórica e sistematicamente a negar direitos iguais para as mulheres e a fazer proselitismo contra o homossexualismo, porque a música delas se dirigia a uma autoridade mais alta: "Virgem Maria, Mãe de Deus, torne-se feminista, proteste ao nosso lado, nos liberte de Putin!". Mas também porque, com uma linguagem mais pacata e um lugar menos simbólico, o protesto delas não teria tido o mesmo impacto. Para usar as palavras da artista e escritora Karen Finley, "a vida é mais importante que a arte. Mas a vida sem a arte não tem sentido".

Entre as tantas vozes respeitáveis a defender as Pussy Riot em 2012, também estavam o cotidiano *Libération* e o semanal de música *Les Inrockuptibles*. No mesmo período, todavia, algumas das assinaturas masculinas mais prestigiosas dos dois títulos franceses faziam parte de um grupo privado no Facebook chamado "Ligue du Lol", que tinha o objetivo de coordenar uma série de ataques on-line de natureza sexista e racista contra escritoras, jornalistas e ativistas feministas. Quando, em 2019, uma investigação do *Libération* expôs o episódio, muitas mulheres começaram a contar suas experiências na internet usando a hashtag #liguedulol.

Mais de cinco anos depois da libertação das Pussy Riot, as meninas não param de reivindicar as próprias lutas dos palcos ao redor do mundo, lembrando a prisão que as privou dos direitos humanos: "A liberdade não existe se não lutarmos todos os dias. O punk é uma atitude em direção à vida baseada na consciência da necessidade de sempre colocar perguntas incômodas e, sobretudo, de fazê-las às autoridades". Tudo isso por meio daquela forma de protesto que, desde muito jovens, permitiu a elas que canalizassem transtornos e frustrações: a música punk.

JOAN AS POLICE WOMAN

"The Silence"

*My body, my choice
Her body, her choice
And I'm told that wounds are where the light gets in*

em *Damned Devotion*, 2018

"The Silence" é uma gema cravada no centro de *Damned Devotion*. Era o coração que explodia em um coro feminista no disco de inéditos de Joan as Police Woman, lançado em 2018. "Para mim, ser feminista quer dizer abraçar o próprio papel de mulher no mundo em todas as nuances. Quer dizer ser consciente do nosso poder." Assim se apresenta Joan Wasser, sincera, direta, entre ela e os fãs só as músicas filtravam os sentimentos. Cantora e compositora, violinista, pianista, Joan abraçava a música desde criança; quando era jovem, se agarrava para não sucumbir à dor, mesmo que a descoberta da voz tenha chegado tarde, junto à maturidade e à consciência de conseguir fincar raízes em um ambiente nem sempre acolhedor para as mulheres que faziam parte de uma banda: "Quando comecei a sair em turnês e tocava nos lugares, havia sempre e somente homens, e imediatamente pressupunham que eu era a namorada de alguém do grupo".

> # Quando comecei, o público pressupunha que eu era a namorada de alguém do grupo.
> ## Joan Wasser

Aos vinte anos, estava em turnê com os Dambuilders: "Toquei com eles por sete anos. Foi muito divertido: fizemos shows no mundo inteiro e vendemos toneladas de discos. Foi uma experiência fantástica". A formação em música clássica lhe permitiu experimentar mais gêneros, o talento a impulsionou a superar os limites, a prática, a se sentir à vontade em qualquer palco. Diante da perda e do sofrimento, porém, nada pôde protegê-la: em 1997, Joan deu adeus ao companheiro, Jeff Buckley, mas foi só um dos lutos com os quais ela teria de lidar durante a vida. "A morte de Jeff me deu um desespero que parecia não ter cura. Foi justamente por causa daquela dor que senti a necessidade de encontrar minha voz, porque meu violino e a música que eu tocava com os outros não conseguiam exprimir. A dor é um ótimo motivador." Joan tingiu os cabelos de loiro, voou para Nova York e, nesse renascimento, pediu que a chamassem de Joan as Police Woman, brincando com a semelhança com a policial interpretada por Angie Dickinson, em um seriado de TV dos anos 1970. Descobriu ter uma voz, no começo eram gritos de desespero, depois chegou a coragem que se transformou em canto: "Mesmo sendo muito jovem, sabia que a música era a coisa mais potente que eu tinha, sempre foi como uma religião para mim, eu tinha certeza de que seria parte da minha vida de qualquer jeito".

Em Nova York, Joan colaborou com Antony Hegarty, Rufus Wainwright, David Sylvian, Lou Reed e enfim escreveu, tocou e produziu seu primeiro disco; o chamou *Real Life*, porque ainda não acreditava ter feito tanto: "Eu não achava que conseguiria e certamente não imaginava chegar aonde estou agora. Sou grata por isso cada segundo da minha vida. As pessoas querem falar comigo, acho incrível e fico feliz". A música da artista americana parecia feita com a intenção de surpreender, cada disco era fruto de uma busca diferente. Poesia, alegria e desprazer convivem muito bem com a ironia, sua arma mais afiada. "Tive sorte de publicar meu primeiro álbum como adulta, tinha trinta e seis anos e não estava procurando me transformar em uma popstar ou me apresentar como um sex symbol, procurava só cantar e tocar a minha música. Pude, assim, evitar traumas que muitas jovens cantoras atravessaram. Hoje, estou mais relaxada, mas quando era jovem não podiam se aproximar de mim, eu sempre gritava, estava com muita raiva."

Damned Devotion testemunha o processo de crescimento de Joan; é um disco que desde o título se rende ao sagrado fogo da arte. É possível viver intensamente, com profunda devoção pela existência sem se machucar? É certo abandonar-se às próprias paixões, sabendo estar destinado ao tormento? E qual é a fronteira que separa a devoção da obsessão? "Canto uma devoção que é também um castigo, sim, mas não um castigo tão sério." Patti Smith, musa de Joan Wasser, conta bem; justamente no seu livro *Devoção* confronta os mesmos temas: "Por que sentimos o dever de escrever? Para nos isolar, proteger, nos perder na solidão. Devemos escrever porque não podemos somente viver".

Mas, por mais aclamado que seja, o trabalho de Joan segue sendo de nicho, raramente aparecendo nos rankings dos álbuns mais premiados de fim de ano. Nas páginas da *Atlantic*, viu-se a tentativa de explicar essa discrepância: "'A beleza é o novo punk rock', disse Joan. O público chegou a acreditar que a coisa mais inovadora para um músico era ser cínico e desiludido ou expressar o próprio sofrimento de modo visceral. Mas quando isso virou a regra, quando representar a dor mais profunda foi considerado a forma da arte mais alta, então a verdadeira transgressão virou abraçar a beleza. Bom, Wasser não negava nem apagava a dor, pelo contrário, reconhecia que podia florescer na beleza".

Quem declara sem pensar que a música de Joan é de uma mulher amada sobretudo pelas mulheres comete um erro grosseiro: "Muitos homens respondem à minha música, portanto deve haver algo em seu interior que toca as pessoas sem diferenciar o sexo. Acho que, além disso, existem traços masculinos na criatividade feminina e vice-versa". Joan sempre respondeu ao medo e à frustração com gentileza, mantendo a liberdade de não gostar de todos e de não ser compreendida até o fim, sem nunca perder o objetivo de vista. "Hoje, comparado ao passado, há muitas mulheres que fazem música, mas também há muitas 'entretenedoras', que não representam da melhor forma o papel de musicista. Sem dúvida, foram dados muitos passos, mas ainda tem muito caminho pela frente."

JANET JACKSON

"Control"

*This is a story about control
My control
Control of what I say
Control of what I do
And this time I'm gonna do it my way
I hope you enjoy this as much as I do*

em *Control*, 1986

O lançamento do álbum *Control*, em 1986, assinalou oficialmente o início da segunda vida de Janet Jackson. A primeira acabou aos vinte anos apenas: em duas décadas, já havia sido a mascote dos Jackson 5, a menina que brincava aos pés de Diana Ross, a garota que escrevia músicas atrás dos palcos dos shows dos irmãos e depois a nova protegida do pai-empresário, Joe, obcecado pela carreira dos próprios filhos. Entre o fim dos anos 1970 e o começo dos 1980, o sorriso de Janet conquistou os espectadores de séries televisivas como *Good Times*, *Arnold*, *Fame*, *O Barco do Amor*, e ela tentou as primeiras incursões no ranking com dois álbuns pop pelo típico fascínio adolescente cheio de insegurança. Porém, Janet Jackson não era uma adolescente qualquer, era preciso mais para competir com o irmão Michael. A reviravolta aconteceu na terceira tentativa solista de Janet, em que se libertou do controle paterno e começou a tomar as decisões sozinha. Em *Control*, a caçula da casa Jackson trabalhou com dois magos do som já na corte de Prince, os primeiros a tratá-la como adulta, e o resultado foi ofuscante: em faixas como "Nasty", a autora finalmente se sentiu livre para caminhar sozinha, declarando-se má, quase ameaçadora: *My last name is Control / No my first name ain't baby / It's Janet / Miss Jackson if you're nasty*.

Se *Control* foi seu renascimento, *Rhythm Nation 1814* foi um grande período de crescimento, um disco que abordava temas como racismo, pobreza, desigualdade na educação escolar, juntamente a aspectos mais íntimos, como a aceitação do próprio corpo. Um trabalho muito amado pelos fãs que após trinta anos do lançamento a levou a se apresentar em uma residência de três meses em Las Vegas, com os ingressos logo esgotados. No começo dos anos 1990, Janet, que era uma das maiores rivais no ranking do irmão Michael, conseguiu com a Virgin Records um dos contratos mais altos já oferecidos a uma artista pop, e seus fãs usavam camisetas com a frase *Put me on a planet where all the girls look like Janet*.

"Quero dar voz a todas as mulheres que foram sufocadas. Eu sou uma delas.

Janet Jackson

"

Na última década do século, Janet Jackson foi considerada a "normal" da sua família dominada por brigas, discussões e escândalos judiciais. Trabalhava duro, escrevia, cantava, gravava, dançava, escolhia as coreografias para as turnês e os vídeos, recitava, colecionava números um: aos trinta anos era uma veterana na indústria discográfica, a única à altura de competir no pop comercial com Mariah Carey e nos clubes de dança com Madonna. Em 2001, a MTV dedicou à artista americana seu especial televisivo anual *Icon*: a rede, que sempre teve um papel decisivo na sua carreira, a consagrou em um show-tributo que repercorreu sua carreira e em que alguns dos músicos mais famosos do cenário contemporâneo reinterpretaram seus maiores sucessos e contaram quanto a música de Janet foi importante na formação deles.

A segunda vida de Janet terminou aqui. Já a terceira começou com um despertar brusco: um país inteiro se descobriu como inimigo dela. Para os Estados Unidos, desde sempre loucamente enamorados por sua história, bastaram poucos segundos para apagar Janet Jackson da face da Terra. Durante a final do Super Bowl de 2004, Janet Jackson e Justin Timberlake apresentaram algumas músicas. Como *gran finale* de "Rock Your Body", Justin rasgou uma taça do sutiã do corpete de pele que Janet vestia, revelando o seio e um vistoso tapa-mamilo poucos segundos antes dos comerciais. No entanto, o gesto transcendeu os gostos, provocou a América puritana e deu início a uma série de consequências negativas para Janet, culpada por ter se mostrado propositalmente. Porém, de obsceno não tinha nada, a não ser o medo da exposição, proposital, do corpo de uma mulher, e a crítica feminista Maura Spiegel explicou bem: "Uma mulher que descobre o seio, por livre escolha, sempre representou na história um gesto de desafio, o poder feminino que chacoalha o equilíbrio".

No fim, Janet Jackson jogou a própria credibilidade porque estava à frente de seu tempo e ousou fazer sua uma força masculina, como o campo de futebol. Quase uma década a separou do movimento Free the Nipple, a campanha mundial contra a censura dos mamilos e pelo direito de mostrar a própria parte superior, assim como é lícito aos homens, sem ser acusada de ato obsceno ou censurada nas redes. Um movimento pacífico, divertido e frívolo sob certos aspectos, mirando a igualdade, começando pelo corpo.

Depois do alvoroço do escândalo do Super Bowl, o planeta Janet Jackson ficou por muito tempo sob observação. Com a chegada do filho aos cinquenta anos, ela foi reestabelecida pela mídia, que conseguiu enquadrá-la em um imaginário feminino materno e mais inócuo. Mas Janet Jackson ainda tinha muito a dizer: "Quero dar voz a todas as mulheres que foram sufocadas. Eu sou uma delas. Mulheres que foram silenciadas, seja literalmente seja emocionalmente. Mulheres que foram abusadas. Mulheres que foram intimidadas. Mulheres que viveram com medo. Para todas as mulheres que sofreram violências e abusos. Somos todas irmãs. Estamos construindo um mundo novo em que nossas vozes serão escutadas. Façamos com que nossa voz seja ouvida para ter justiça. Comecemos a fazê-lo hoje". Com essas palavras, Janet, no fim de 2018, recebeu o troféu de Ícone Global no MTV Europe Music Awards. Alguns meses antes, havia encontrado a coragem para falar sobre depressão em uma carta publicada na revista *Essence*: "Acho que a minha baixa autoestima provém do senso de inferioridade que experimentei durante a infância. Obviamente, senti na pele problemas sociais como racismo e sexismo. Colocados juntos, esses aspectos contribuíram para a minha depressão: uma condição difícil e assustadora. Felizmente, consegui superar".

MISSY ELLIOTT

"Get Ur Freak On"

*I know you feel me now, I know you hear me loud
I scream it loud and proud, Missy gon' blow it down
People gon' play me now, in and outta town
'Cause I'm the best around with this crazy style*

em *Miss E... So Addictive*, 2001

No último verão como primeira-dama, Michelle Obama estava se libertando cada vez mais. Se no começo do mandato de Barack Obama choveram críticas pelo comportamento subalterno ao marido – mas também pela barra muito curta das saias e os cabelos sempre alisados –, no fim da presidência, Michelle Obama havia conquistado o coração dos americanos, sobretudo dos mais jovens, que a observaram se distanciar do protocolo. Sentada no carro do apresentador James Corden, convidada do famoso quadro de televisão *Carpool Karaoke*, para os seus duetos Michelle escolheu "Signed, Sealed, Delivered", de Stevie Wonder, "Single Ladies (Put a Ring on It)", de Beyoncé, e cantou outros dois hits junto da convidada especial a bordo: Missy Elliott.

Missy é um pedaço de história da cultura afro-americana, mas também do rap, a primeira artista a desbancar a concorrência no ranking em um gênero dominado pelos homens. Juntas, as duas cantaram o single "This Is for My Girls", uma música escolhida por Michelle e gravada por artistas de primeira grandeza, entre as quais Missy Elliott, cujos lucros foram destinados à associação Let Girls Learn, fundada pelo ex-casal presidencial em 2015 para incentivar a escolarização de mais de sessenta milhões de meninas no mundo. O carro de Corden explodiu enfim nas primeiras batidas de "Get Ur Freak On", música cult de Missy, um convite a festejar e a pirar, não importa o que aconteça. Foi o momento alto do show: Michelle Obama foi definitivamente coroada como a primeira-dama descolada e Missy Elliott reafirmou sua proximidade com a Casa Branca.

> **"**
> # Em uma premiação, você verá sempre mais candidatas mulheres prontas para vencer.
> ## Missy Elliott
> **"**

Em 2019, a deusa do rap foi a primeira rapper mulher a entrar no Hall da Fama dos compositores. A artista americana, que já havia vencido cinco Grammys, se destacava pelo número de seus discos, mas também pelos clipes muito inovadores tecnologicamente que usava para comunicar uma imagem completamente nova. Em 1999, somente dois anos após a estreia incendiária, a jornalista Gerri Hirshey se perguntou, nas páginas da *Rolling Stone*, "como se pode explicar aquele meteoro que acertou o planeta dos rankings com uma violência tal, que impeliu Whitney Houston, Janet Jackson e Scary Spice e pegar o telefone e pedir a ela que escrevesse, produzisse ou remixasse algo para elas? Quem era essa mulher tão dona de si e em controle da própria carreira a ponto de dizer 'não' a Puff Daddy e até à montanha de dinheiro colocada na mesa pela onipotente Sony? Enfim, quem era aquela mulher que com só vinte e sete anos conseguiu um papel tão importante na indústria discográfica a ponto de ganhar o apelido de 'Puff Mommy?'". Puff Mommy: para descrever o poder de uma mulher no mundo do rap do fim dos anos 1990, ainda é preciso partir dos homens.

Missy Elliott ainda não tinha trinta anos, portanto, mas conseguiu mesmo assim administrar seu trabalho de maneira independente com a sua marca The Goldmind Inc. Nas músicas autorais, se jogava contra os tabus de gênero em favor de uma plena expressão do universo feminino, pela primeira vez protagonista de um imaginário rap desde sempre sexista e misógino. "Nas minhas canções, as mulheres parecem muito fortes porque, na verdade, as minhas não são canções, são experiências de vida cotidiana, nos relacionamentos, no trabalho, em tudo. As mulheres hoje são mais fortes e mais determinadas. Nós, mulheres, sofremos por muitos anos, hoje as coisas estão mudando, estamos indo para a frente. Se você vai a uma cerimônia de premiação, verá sempre mais candidatas mulheres prontas para vencer."

Com um estilo inconfundível, um look vivaz e contagiante, em pouquíssimos anos, Missy Elliott mudou as regras da cena, chegando a desenhar para a Adidas uma linha original de roupas, calçados e acessórios chamada Respect M.E. Essa área das roupas esportivas e da moda urbana sempre havia sido exclusivamente masculina. Além disso, a rainha do hip-hop escrevia e produzia para si e para muitas outras artistas R&B e soul, favorecendo a sororidade entre artistas mulheres em uma indústria em que a competição é acirrada. Missy ganhou o respeito no campo, trabalhando duro no estúdio de gravação, enquanto suas unhas pintadas corriam velozes na mesa de som: a lenda conta, inclusive, sobre técnicos de som que desapareciam assim que ela chegava no estúdio. Os colaboradores mais próximos lhe atribuíam uma grande intuição para os negócios, quem trabalhou pelo menos uma vez ao seu lado revelava que simplesmente Elliott tinha um modo diferente de pensar.

A linguagem de desprezo e irreverência do hip-hop, de fato, foi elaborada com uma cartilha de palavras feministas que falam de igualdade de gênero, aceitação do corpo e sexualidade livre. Missy Elliott, cantando rap nas notas das músicas-manifesto "Sock It 2 Me" ou "Work It", desenhou com apenas vinte anos o percurso que a levou a ser reconhecida como uma das artistas mais importantes na história da música contemporânea.

Com "The Rain (Supa Dupa Fly)", seu single de estreia em 1997, a artista americana escolheu um espetacular estilo minimalista em oposição aos excessos típicos do gênero, sobre os quais teve uma influência muitas vezes comparada àquela de Prince no R&B nos anos 1980. Foi graças a ela que muitas MCs conseguiram se sentir como os homens sempre se sentiram: legitimados, conquistar um lugar em uma cena dominada por homens, aos quais era reconhecida uma hegemonia total, quase por direito de nascença. E, nas estradas e nos campos de basquete, lá estavam elas, as irmãs dos irmãos, as mães e as filhas, que se exprimiam de modo idêntico aos meninos. Só precisou de mais tempo para demolir um dos últimos postos avançados masculinos.

AGRADECIMENTOS

Gostaria de agradecer às seguintes pessoas pelo papel que tiveram em me ajudar a concretizar este livro da melhor forma: Sara Paglia, Anita Pietra, Francesca Bertazzoni, Cristiano Peddis, Vittoria Mainoldi, Simona Brighetti, Paola de Angelis e Otago Literary Agency.

Obrigada também a Danny Stucchi, por me dar a oportunidade de amplificar cada história na esplêndida Radio Capital.

E obrigada a Patti Smith sempre: "As palavras que penetram em territórios virgens infringirão combinações não reivindicadas, articularão o infinito".

Este livro é dedicado a todas as mulheres que conseguem fazer do cotidiano uma obra de arte, de qualquer gênero e âmbito. Obrigada principalmente a vocês, pela inspiração constante que oferecem com seu exemplo.

AS AUTORAS

Laura Gramuglia é apresentadora, DJ, autora. Foi umas das apresentadoras do *Weejay*, da Radio Deejay. Escreveu sobre música e mulheres na *Rolling Stone*, *Tu Style*, *Futura* e colaborou no lançamento da plataforma on-line de rádio e podcast Spreaker. Publicou *Rock in Love – 69 storie d'amore a tempo di musica*, *Pop Style – La musica addosso* e *Hot Stuff – Cattive abitudini e passioni proibite. L'erotismo nella musica pop*, pela Arcana; e este livro, *Mulheres do Rock – Elas levantaram a voz e conquistaram o mundo*, pela Belas Letras. Na Radio Capital, é criadora e apresentadora dos programas *Rock in Love*, *Capital Hot*, *Capital Supervision* e *Rocket Girls*. Na Rai Itália, apresenta *Amori lontani* no programa L'Italia con voi.

lauragramuglia.dj
l.gramuglia@capital.it
@lauragramuglia

Sara Paglia nasceu em 1984, em Roma, onde vive e trabalha como artista. Estudou no Istituto Europeo di Design e trabalhou como designer gráfica nos anos seguintes. Hoje, dedica-se inteiramente à sua grande paixão, a ilustração, fazendo trabalhos de arte em grandes telas, muros ou papel com nanquim e tinta. Foi colaboradora da *Rolling Stone*.

www.sarapaglia.it
info@sarapaglia.it
@sarapaglia

BIBLIOGRAFIA

AA.VV., *The Passenger Brasile,* Iperborea, Milão 2019

Akiko Busch, *How to Disappear. Notes on Invisibility in a Time of Transparency*, Penguin Press, Nova York 2019

Alan Light, *What Happened, Miss Simone? Una Biografia*, il Saggiatore, Milão 2016

Andi Zeisler, *We Were Feminists Once. From Riot Grrrl to CoverGirl®, the Buying and Selling of a Political Movement*, PublicAffairs, Nova York 2016

Brigid Schulte, Overwhelmed. *How To Work, Love and Play When No One Has The Time*, Bloomsbury, Londres 2014

Carly Simon, *Boys in the Trees. A Memoir*, Flatiron Books, Nova York 2015

Caroline Criado Perez, *Invisible Women. Data Bias in a World Designed for Men*, Abrams Press, Nova York 2019

Cherie Currie, Tony O'Neill, *Neon Angel. Memorie di una Runaway*, Arcana, Pádua 2010

Chrissie Hynde, *Reckless. My Life as a Pretender*, Doubleday, Nova York 2015

Clériston Jesus da Cruz, Denise Silva Bitencourt, Camila Leite Oliver Carneiro, *Construindo uma Análise Semiótica em Descostruindo Amélia*, Revista Hyperion, do Instituto de Letras da UFBA, n.8, Salvador 2016

David Hepworth, *1971. L'Anno d'Oro del Rock*, SUR, Roma 2018

Debbie Harry, *Face It: A Memoir,* HarperCollins, Nova York 2019

Gerald Posner, *Motown. Music, Money, Sex and Power*, Random House, Nova York 2002

Gillian G. Gaar, *She's a Rebel. The History of Women in Rock & Roll*, Seal Press, Washington 1992

Giulia Blasi, *Manuale per Ragazze Rivoluzionarie. Perché il Femminismo ci Rende Felici*, Rizzoli, Milão 2018

Grace Jones, *I'll Never Write my Memoirs*, Simon & Schuster UK, Londres 2016

Grace Slick, *Samebody, to Love?, A Rock-and-roll*, Little Brown, Nova York 1999

Jessa Crispin, *Perché non Sono Femminista. Un Manifesto Femminista*, SUR, Roma 2018

John F. Szwed, *Vita di Miles Davis*, il Saggiatore, Milão 2015

Kim Gordon, G*irl in a Band. L'Autobiografia*, Minimum fax, Roma 2016

Lillian Roxon, *Rock Encyclopedia e Altri Scritti*, Minimum fax, Roma 2014

Memories, por Yoko Ono, Sperling & Kupfer, Milão 2005

Michela Murgia, *L'inferno è una Buona Memoria. Visioni da* Le Nebbie di Avalon *di Marion Zimmer Bradley*, Marsilio, Veneza 2018

Naomi Wolf, *Il Mito della Bellezza*, Mondadori, Milão 1991

Oriana Fallaci, *Solo io Posso Scrivere la mia Storia. Autoritratto di una Donna Scomoda*, Rizzoli, Milão 2016

Patti Smith, *Complete. Canzoni, Riflessioni, Diari*, Sperling & Kupfer, Milão 2000

Patti Smith, *Devotion. Perché Scrivo*, Bompiani, Milão 2018

Patti Smith, *Just Kids*, Feltrinelli, Milão 2010

Patti Smith, *M Train*, Bompiani, Milão 2016

Peggy Orenstein, *Cinderella Ate my Daughter*, HarperCollins, Nova York 2011

Pénélope Bagieu, *California Dreamin'. Cass Elliot Prima dei The Mamas & The Papas*, Bao, Milão 2017

Pussy Riot, *Una Preghiera Punk per la Libertà*, il Saggiatore, Milão 2012

Ragazze pericolose. Il Libro delle Donne nel Rock di Rolling Stone, por Barbara O'Dair, Arcana, Pádua 1998-1999

Rebecca Solnit, *Gli Uomini mi Spiegano le Cose*, Ponte alle Grazie, Milão 2017

Renate Göckel, *Donne che Mangiano Troppo. Quando il Cibo Serve a Compensare i Disagi Affettivi*, Feltrinelli, Milão 1991

Rita Lee, *Uma Autobiografia,* Globo Livros, Rio de Janeiro 2016

Sady Doyle, *Trainwreck. The Women We Love to Hate, Mock, and Fear... and Why*, Melville House, Brooklyn, Londres 2016

Sheila Weller, *Girls Like Us. Carole King, Joni Mitchell, Carly Simon and the Journey of a Generation*, Atria Books, Nova York 2008

Sylvia Patterson, *I'm Not With The Band: A Writer's Life Lost in Music*, Little Brown, Londres 2016

Tina Turner, *My Love Story. L'Autobiografia*, HarperCollins, Milão 2018

Tracey Thorn, *Another Planet. A Teenager in Suburbia*, Canongate Books, Edimburgo, 2019

Tracey Thorn, *Bedsit Disco Queen. How I Grew Up and Tried to Be a Pop Star*, Little Brown, Londres 2013

Tracey Thorn, *Naked at the Albert Hall. The Inside Story of Singing*, Little Brown, Londres 2015

Viv Albertine, *Clothes, Clothes, Clothes, Music, Music, Music, Boys, Boys Boys*, Faber & Faber, Londres 2014

Vivien Goldman, *Revenge of the She-Punks. A Feminist Music History from Poly Styrene to Pussy Riot*, University of Texas Press, Austin 2019

Yoko Ono, *Grapefruit. Istruzioni per l'Arte e per la Vita*, Oscar Mondadori, Milão 2005

Zadie Smith, *Feel Free. Idee, Visioni, Ricordi*, SUR, Roma 2018

LINK

Rocket Girls, Spotify, https://open.spotify.com/playlist/7i444i9zmJ4yL0lPq7bu3V

Rocket Girls, Radio Capital, www.capital.it/programmi/rocket-girls/puntate

**COMPRE UM
·LIVRO·**
doe um livro

Nosso propósito é transformar a vida das pessoas através de histórias. Em 2015, nós criamos o programa compre 1 doe 1. Cada vez que você compra um livro na loja virtual da Belas Letras, você está ajudando a mudar o Brasil, doando um outro livro por meio da sua compra. Queremos que até 2020 esses livros cheguem a todos os 5.570 municípios brasileiros.

Conheça o projeto e se junte a essa causa:
www.belasletras.com.br

Este livro foi composto em Cambria e Interstate e impresso em papel couché fosco 115 g pela gráfica Pallotti em fevereiro de 2021.

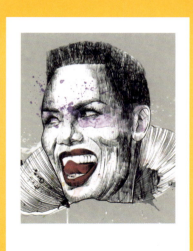

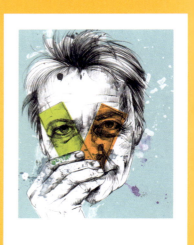